Die Essenz der Bhagavad-Gita

Impressum

© – 1. Aufl. 2015
Dr. Bernd Helge Fritsch
hompage: www.berndhelgefritsch.com
mail to: office@berndhelgefritsch.com

Gestaltung & Layout:
Dr. Evelyn Schmelzer

Grafik im Buch:
Karin Wimmer

Herstellung und Verlag:
Books on Demand GmbH
Norderstedt
ISBN 9783734767098

Das Buch

Dieses Buch ist die Frucht einer jahrzehntelangen Vertiefung des Autors in fernöstliche Spiritualität.

In der Bhagavad-Gita finden sich die schönsten Perlen alt-indischer Weisheit zu einer wunderbaren Einheit zusammen gefasst. Alle wichtigen Themen der irdischen und göttlichen Welt werden in diesem „Gesang des Erhabenen" umfassend erläutert.

Die Gita vermittelt uns eine der wertvollsten und schönsten Offenbarungen die je der Menschheit geschenkt wurden. Ihre Verse bilden ein Tor zu spiritueller „Selbst-Erkenntnis" und „Gottes-Schau".

Durch eine sorgfältige Auswahl aller wesentlichen, Textstellen und durch eine klare, gut verständliche Sprache wird mit dieser Ausgabe der Gita - für den Menschen der heutigen Zeit - ein höchst praktischer Zugang zu ihrer „Essenz" geboten.

Die der Übersetzung hinzugefügten Überschriften und Kommentare erleichtern ein tiefgehendes Verständnis dieser uralten und zugleich zeitlosen fernöstlichen Weisheitslehre.

Der Autor

Bernd Helge Fritsch war bis zu seinem 40ten Lebensjahr erfolgreicher Rechtsanwalt in Graz.

Sodann hat er sich – einer inneren Stimme folgend - aus seiner Anwaltstätigkeit zurückgezogen und ist seither als Schriftsteller und spiritueller Lehrer tätig.

Er verbrachte viele Jahre auf Reisen vorwiegend in Asien und Südeuropa, lebte in buddhistischen und hinduistischen Klöstern, studierte und praktizierte Zen.

Insbesondere durch seine Bücher „Das Kleinod des Shankara", „Der große Prinz und das Glück" und „Wu Wei" ist Bernd H. Fritsch einem großen Leserkreis als inspirierender Buchautor bekannt geworden.

Weitere Infos über den Autor, seine Bücher, Vorträge und Seminare finden Sie unter: *www.berndhelgefritsch.com*

Inhaltsverzeichnis

Einheit•117; Die Befreiung der Seele•118; Brahman und Brahma •119; Die drei Gunas bestimmen die Natur•119; Identifikation mit dem Körper und dem Mental•120; Verbindung mit dem Selbst durch Nicht-Identifikation•121; In sich ruhen, bei Freude und Leid•121

I. Vorwort

Die Einmaligkeit der Bhagavad-Gita

Die *Bhagavad-Gita* ist in ihrer philosophischen und spirituellen Klarheit sowie in ihrer alles umfassenden Darstellung mit keiner sonstigen uns aus alten Zeiten überlieferten Weisheitslehre vergleichbar. Wir finden in ihr, wie in einer Nussschale vereinigt, alle *hinduistischen* Lehren, welche zur Zeit ihrer Entstehung von Bedeutung waren. Alle wichtigen Fragen der irdischen und göttlichen Bereiche werden in dieser „Gita" (Gesang) des „Bhagavad" (Erhabenen) umfassend behandelt.

Die wohl bekannteste Lobes-Hymne auf die Gita aus dem westlichen Kulturkreis stammt von dem großen Forscher und Staatsmann Wilhelm von Humboldt (1767 - 1835):

„Ich danke Gott, dass er mich solange hat leben lassen, um dieses Buch kennen zu lernen, das schönste, ja vielleicht das einzig wahrhaft philosophische Gedicht, das alle uns bekannten Literaturen aufzuweisen haben."

In diesem Sinne wird die Gita von *Eknath Easwaran* (1910 - 1999, indischer Herkunft, Univ. Prof. in Kalifornien), der eine gute, moderne und relativ freie Übersetzung der Gita publiziert hat, als *„das bedeutendste Geschenk Indiens an die Welt"* bezeichnet.

Dr. Sarvepalli Radhakrishnan (1888 - 1975), ehemals Professor für Religionen und Ethik an der Universität Oxford, der vielleicht bedeutendste Kommentator der Gita in der Neuzeit, Präsident Indiens von 1962 bis 1967 (bemerkenswert: ein spiritueller Weisheitslehrer an der Spitze eines riesigen Staates!), schreibt in der Einleitung zu seiner Übersetzung der Gita:

„Durch Jahrhunderte hindurch haben Millionen Hindus in diesem Buche Trost gefunden, das in klaren und durchdringenden Worten die wesentlichen Grundsätze einer spirituellen Religion darlegt, frei von schlecht begründeten Tatsachen, unwissen-

schaftlichen Lehrsätzen oder gar willkürlichen Phantasien. In der langen Geschichte seiner geistigen Einflusskraft dient es auch heute noch allen jenen als Licht, welche aus der Tiefe seiner Weisheit Erleuchtung empfangen wollen…"

Aktuelle Übersetzungen

Die Gita, 18 Kapitel mit 700 Versen umfassend, wurde in Sanskrit, in der als „heilig" angesehen altindischen Sprache, niedergeschrieben. Es gibt von ihr unzählige Übersetzungen in fast alle Sprachen der Welt. Allerdings ist es nicht einfach eine gute und flüssig lesbare deutsche Übersetzung zu finden. Die meisten deutschen Übersetzungen wurden erst vom Sanskrit ins Englische und sodann ins Deutsche übertragen. Empfehlenswert sind die Ausgaben der beiden oben erwähnten Übersetzer und Kommentatoren, *E. Easwaran* und *S. Radhakrishnan*, die Übersetzung von *Sri Aurobindo* (ohne Kommentar) sowie die sehr poetische, schlichte und gut lesbare, in Versen gehaltene Ausgabe von *K. O. Schmidt*.

Wie ein Vergleich der zahlreichen Übersetzungen ergibt, ermöglicht die spezielle Eigenart des Sanskrit in Verbindung mit der Versform, in der die Gita geschrieben ist, einen großen Spielraum für verschiedenste Interpretationen. Deshalb sind alle Übersetzungen und Kommentare erheblich von der Denk-Art ihres Autors mitbestimmt. Dies gilt natürlich auch für die vorliegende „Essenz der Gita".

Wahre Religion hat kein Etikett

Die spirituellen Lehren der Gita sind naturgemäß eingebettet in die religiöse Kultur des alten Indien. In die Gita sind eingeflossen die Gedankenströmungen der *Veden* und *Upanischaden*, die Philosophie des *Samkhya* und die Unterweisungen des *Yoga*. Die Gita repräsentiert nicht nur umfassend den damaligen Ideenkreis des Hinduismus sondern sie beinhaltet die Essenz aller Religionen. Diese Essenz ist nicht *„hinduistisch"*.

Wahre „*Religion*" hat kein Etikett, keinen Namen. Sie ist nicht jüdisch, christlich oder islamisch. Wahre Religion ist das, was den Menschen in seinem Innersten mit dem Geist des sichtbaren und unsichtbaren Universums verbindet!

Parallelen zum Christentum

Es ist zu erwarten, dass diese „Essenz der Gita" vorwiegend von Menschen, die aus der westlichen Kultur-Tradition stammen, studiert wird. Unter ihnen werden sich viele Leser befinden, die vom christlichen Gedankengut geprägt sind. Aus diesem Grunde habe ich in diesem Buch manche Bibelstellen und christliche Lehrmeister zitiert, um damit eine Brücke zwischen altindischer Weisheit und dem Christentum herzustellen. Es wird dadurch für den Leser deutlich sichtbar, wie sehr die großen Religionen in ihrer Grundaussage miteinander übereinstimmen. Auch soll damit aufgezeigt werden, dass es für den Menschen, der höchste Erkenntnis sucht, nicht erforderlich ist, sich zu einer bestimmten Religion zu bekennen oder seine bisherige Religionsgemeinschaft zu verlassen.

Der Zugang zur Gita

Ich kenne etliche Menschen, die durch irgendeinen „Zufall" mit der Gita in Berührung gekommen sind und versucht haben ein tieferes Verständnis dieser Schrift zu erlangen. Die meisten haben dieses Unterfangen jedoch bald aufgegeben, weil für sie die vorgefundenen Verse zu fremdartig und zum Teil widersprüchlich waren. Auch konnten sie zu manchen Begriffen und Namen aus der altindischen Mythologie keinen Zugang finden.

Wenn wir uns bewusst machen, wie manche Bücher, die vor ein-, zweihundert Jahren hochaktuell waren und damals die Menschen begeisterten heute kaum mehr lesbar sind oder wie Filme aus der Zeit vor dem letzten Weltkrieg und aus den 50er und 60er Jahren uns heute restlos veraltet erscheinen, so ist es nicht verwunderlich, wenn der heutige Leser nicht so ohne weiteres die spirituelle Botschaft einer Schrift begreifen kann, deren Ursprünge einige tausend Jahre zurück liegen.

Die Beschreibung des Unbeschreibbaren

Die Hauptschwierigkeit für den Verfasser einer Schrift, die sich mit dem transzendenten Sein auseinander setzt, besteht darin, dass er versucht die Wirklichkeit jenseits unserer dualen Begriffs-Welt in Worte zu fassen. Er verwendet dabei traditionelle Begriffe wie beispielsweise „Gott" oder „Brahman", das „universelle Bewusstsein", „Karma" oder „Atman" und ist sich dabei bewusst, dass diese niemals das ausdrücken können, wofür sie stehen. Sie können nur als Wegweiser dienen um dem Leser die Richtung anzugeben in die sich sein Geist bewegen muss um das „Unbeschreibbare" zu erfahren. In diesem Sinne nützen „Weisheitslehrer" auch gerne Bilder und Gleichnisse um das Unsagbare zu erläutern. Es liegt sodann an der Bereitschaft des Lesers hinter die Worte zu schauen um das Wesentliche zu erkennen.

Wie man besonders in der Gita gut erkennen kann, wechseln spirituelle Lehrer bei ihren Erklärungen gerne von ihrer eigenen non-dualen Bewusstseins-Ebene zur geistigen Ebene des Schülers und wieder zurück zur höheren Dimension. Dies entspricht ihrem Bemühen den Schüler von der Bewusstseins-Stufe abzuholen, wo er sich gerade befindet. Aus dieser Vorgangsweise erklären sich gelegentliche Widersprüche in den Aussagen spiritueller Meister.

Westliche und östliche Denk-Art

Um die Bhagavad-Gita nicht nur mit dem Verstand, sondern als ganzer Mensch – mit Herz und Seele – aufzunehmen, ist es notwendig sich für die besondere Denk-Art asiatischer „Seher" (Rishis) zu öffnen.

Das westliche Denken bewegt sich vorwiegend auf der analytischen, dualen Verstandesebene. Nach unserer Logik ist etwas entweder wahr oder falsch, gut oder böse. In der Regel kann für uns das „Schlechte" nicht zugleich etwas „Gutes" sein. Der westliche Mensch denkt, dass Gegenpole sich einerseits ausschließen und andererseits unabhängig voneinander existieren können. Er meint das Gute kann das Böse vernichten und dann gibt es nur mehr das Gute. Für den asiatischen Philosophen (Weisheits-Liebenden) ist dieses Denken absurd. Für ihn bedingt das Böse das Gute und umgekehrt. Das Böse endet für ihn erst jenseits von Gut und Böse.

Spirituelle Lehrer des Hinduismus, des Taoismus, des Zen-Buddhismus und anderer fernöstlicher geistiger Strömungen haben einen andern Zugang zur Wahrheit. Ihre Denk- und Ausdrucks-Art ist für den westlichen Menschen zumeistgewöhnungsbedürftig. Denn sie beziehen in ihr Denken und in ihre Lebenspraxis auch Möglichkeiten jenseits des dualen Verstandes ein, die dem westlichen Denken als unlogisch, paradox und unverständlich erscheinen.

So gibt es für die „Rishis" neben den Gegensätzen von „Gut" und „Böse", noch ein über beide hinausgehendes Sein. Sie erkennen eine göttliche Vollkommenheit, in der alle Gegensätze und Widersprüche beinhaltet und zugleich aufgehoben sind.

Sie kennen neben der vergangenen, gegenwärtigen und zukünftigen Uhr-Zeit noch die zeitlose Zeit. Sie kennen ein „Leben", in dem es weder Geburt noch Tod gibt. Sie verwirklichen eine „Liebe", die alles Sein einbezieht.

Für sie ist das, was der westliche Mensch als „reale Welt" bezeichnet, eine großartige Illusion und Realität etwas, das für den „normalen" Verstand gar nicht vorhanden ist. Für sie existiert ein individuelles „Gott-Sein" (Atman) welches zugleich identisch ist mit der universellen Gottheit (Brahman).

Inspiration durch die Gita

Ich selbst habe mich schon vor einigen Jahrzehnten für die Gita begeistert und sie seither nicht nur intensiv studiert, sondern auch verinnerlicht. Sie ist dadurch für mich, neben einigen anderen Schriften, zu einer Art Heimat geworden, in der ich mich sehr wohl fühle und die mich unterstützt, die Wahrheit und das „Selbst" (den „Atman", wie es die Hindus nennen) in mir zu finden. Zu den „anderen Schriften", die mir viel geschenkt haben, zähle ich beispielsweise die Evangelien, die Lehrreden des Gautama Buddha, eines Bodhidharma und anderer Zen-Meister, das Tao-Te-King des Laotse, Schriften verschiedener griechischer und römischer Philosophen sowie überlieferte Weisheiten mancher mittelalterlicher Mystiker und großer indischer „Meister" aus neuerer Zeit.

Bei der Neufassung und Kommentierung der Gita ist es mir darum gegangen, möglichst schlicht und gut verständlich die wunderbaren Weisheits-Lehren dieser Schrift darzustellen. Deshalb war es mir ein Anliegen, einerseits möglichst nahe am Urtext der Gita, wie er uns überliefert wurde, zu bleiben, zum anderen habe ich unwichtige Verse und Wiederholungen, die das Verständnis erschweren, entfernt. Ebenso wurden alle Ausführungen, die sich speziell mit Differenzen zwischen verschiedenen philosophisch-religiösen Richtungen oder Traditionen im alten Indien beschäftigen, vereinfacht oder soweit sie für das Verständnis der „Essenz der Gita" bedeutungslos sind, überhaupt weglassen. Aus diesem Grund sind etliche der rund 700 Verse der Gita in diesem Buch nicht angeführt.

Der praktische Nutzen

Welchen praktischen Nutzen dürfen wir uns vom Studium der Bhagavad-Gita, die neben der Bibel als die weltweit am meisten verbreitete Schrift gilt, erwarten?

Natürlich Antworten auf die wichtigsten Menschheits-Fragen, die da sind:

- Gibt es einen Gott? Und wenn ja – Wer, wie und wo ist Gott?
- Wer bin ich? In welchem Verhältnis steht meine Seele zu Gott?
- Wie entstehen meine Freuden und Leiden?
- Was ist der Sinn meines Lebens? Was ist mein wichtigstes und höchstes Ziel?
- Wie kann ich Sorgen und Leid, Alter, Krankheit und Tod überwinden?
- Wie kann ich Liebe verwirklichen und dabei tief und anhaltend glücklich sein?

Die Gita gewährt uns erstaunlich befriedigende, weisheitsvolle und zudem auch praktisch umsetzbare Erklärungen zu den wichtigsten Themen unseres Mensch-Seins. Dazu ist es allerdings notwendig, dass wir uns ernsthaft und energievoll mit ihrer Botschaft auseinander setzen. Das „Ziel der Ziele" zu erreichen bedarf einer schrittweisen Entwicklung und einer seelisch-geistigen Leistung.

Jeder Mensch trägt alle Voraussetzungen in sich, um dabei erfolgreich zu sein. Doch so, wie jemand nur dann ein guter Klavierspieler werden kann, wenn er fest entschlossen ist den Geist der Musik zu erfassen und entsprechende Fähigkeiten einzuüben, so wird man nur mit entsprechender Hingabe und Lernbereitschaft die Gesetze des Lebens mit klarem Blick erfassen können und ein „Meister" der Freude, Liebe und Freiheit werden. Meine Ausführungen in diesem Buch mögen dabei als Anregung und Unterstützung dienen.

II. Die Symbolik der Gita

Krishna und Arjuna

Ob Krishna, der in der Gita als höchster Gott und Weisheitslehrer auftritt, zu einer historischen Person Bezug hatte, kann heutzutage nicht beantwortet werden. Jedenfalls ranken sich viele Erzählungen um ihn als Weisheitslehrer und Avatar (Gott der in einem Körper auf der Erde erschienen ist).

Die Beschreibung der kriegerischen Auseinandersetzung und der beiden Protagonisten Krishna und Arjuna in der Gita sollte in erster Linie als Allegorie verstanden werden. Das ergibt sich schon aus dem ersten Vers im Kapitel eins. In diesem wird das sogenannte „Kuru-Feld", auf dem sich nach dem Mahabharata-Epos die Schlacht zugetragen hat, als „Dharma-Feld" (Sanskrit: Dharma-Ksetra) benannt. Der Dharma-Begriff hat im Hinduismus und Buddhismus eine zentrale Bedeutung. Kurz gefasst kann Dharma als göttliche Ordnung, Gerechtigkeit oder Sinn des Lebens übersetzt werden.

Im übertragenen Sinn geht es bei diesem Krieg, den die Gita schildert, um die Auseinandersetzung zwischen den Licht bringenden und den dunklen Kräften in der menschlichen Seele. Der Sieg der „guten" Kräfte besteht darin, die Gottheit im eigenen Seelengrund zu verwirklichen und damit die Verstrickung in die vergänglichen Erscheinungen zu beenden.

Der Streitwagen in dem sich Krishna und Arjuna während ihres Dialoges befinden, symbolisiert den Körper eines jeden Menschen. Er dient der Seele als „Fahrzeug" (Werkzeug) während ihres Erdenlebens.

Arjuna kann als Repräsentant des „normalen" Menschen angesehen werden, in dem die selbstbezogenen Interessen des Egos wirken. Diese Seele ist fixiert auf die Erscheinungen der Welt, die ihm vorübergehend Lust doch langfristig viel Leid verschaffen. Sie erkennt nicht den Sinn ihres Lebensweges und hat keinen Bezug zu den Kräften, die jenseits der Sinne wirken.

Arjuna lehnt es vorerst ab seine „Freunde und Verwandten", das heißt, sein Ego, seine liebgewonnenen Eitelkeiten, seine Leidenschaften, Ängste und Wünsche zu „töten". Denn mit ihnen identifiziert er sich, sie bilden „sein Leben".

Der „Wagenlenker Krishna" kann als Sinnbild für das „Selbst" (Sanskrit: Atman), den göttlichen Wesenskern des Menschen angesehen werden. Er zügelt die Pferde des Streitwagens. Er symbolisiert jene Kraft im Menschen, welche in der Lage ist, die mentalen Energien (das Denken, das Fühlen und das Wollen) zum rechten Ziel zu lenken.

Krishna ist somit der verborgene „Lenker und Meister" unseres Körpers und Geistes, er repräsentiert die im tiefen Inneren eines jeden Menschen wirkende universelle (göttliche) Weisheit und Liebe. In anderen Kulturen wird dieser Meister als „Christus-" oder „Buddha in uns" genannt. Er weist uns, wenn wir bereit sind auf ihn zu hören, den Weg zu unserer höchsten Bestimmung.

Die Gestalt des Krishna, wie sie uns in der Bhagavad-Gita entgegen tritt, kann daher auf zweierlei Art verstanden werden:

Zum einen als Avatar, als die Inkarnation der höchsten Gottheit (Brahman). Dessen Mission besteht darin, den Menschen einen Impuls und eine Hilfestellung zur Verwirklichung des eigenen göttlichen Wesenskerns (Atman) zu geben.

Zum anderen symbolisiert Krishna die Gottheit, die als „Selbst" (Atman) „im Herzen eines jeden Menschen wohnt".

Somit ist jeder Mensch im Grunde seiner Seele wesensgleich mit Krishna, dem Wagenlenker, der in der Gita zu Arjuna spricht. Jeder Mensch ist seiner Bestimmung nach eine Gottheit, ein Zentrum von bewusstem Sein. Er ist, wie wir aus der Schöpfungsgeschichte (1. Mos 1,26-27) erfahren, zum „Ebenbilde Gottes" geschaffen. Doch diese Gottheit wartet bei den meisten Menschen noch darauf, verwirklicht zu werden.

Krishna und Jesus

„*Krishna*" spielt in der hinduistischen Religion eine ähnliche Rolle wie „*Jesus*" in der christlichen. Er gilt als die Inkarnation der höchsten Gottheit *Vishnu*. Nach der Legende wird Krishna – ebenso wie Christus – von einer Jungfrau *(Devaki)* geboren. Wie Christus wird er schon kurz nach seiner Geburt von feindlich gesinnten Menschen, die um ihre Macht bangen, mit der Absicht verfolgt, ihn zu töten.

Krishna offenbart – nach den Erzählungen der Bhagavad-Gita – den Menschen seine Göttlichkeit und erklärt ihnen die Voraussetzungen um vom irdischen Trübsal befreit, ewiges Leben zu erlangen. In gleicher Weise beschreiben viele Jahrhunderte später die Evangelien das Wirken Jesu.

Beide gelten bis heute als Inbegriff von Liebe, Mitgefühl und Frieden. Beide vollbrachten verschiedenste Wunder, heilten Krankheiten und konnten große Hingabe und Bereitschaft zur Nachfolge in anderen Menschen wecken.

Zuletzt sterben Krishna und Christus eines gewaltsamen Todes: Christus am Kreuz, Krishna durch den Pfeil eines Jägers. Sie bilden beide den Ausgangspunkt religiöser Bewegungen.

Die Botschaft von Christus und Krishna ist die Gleiche:

> *Liebe deinen Nächsten und erkenne dein wahres göttliches Wesen, in dem alle Lebewesen miteinander das „Eine" sind.*

Beide Weisheitslehrer verkünden dem Sinn nach: „Gott, das Himmelreich ist in dir!"

> *Luk. 17,20-21 Da er aber gefragt ward von den Pharisäern: Wann kommt das Reich Gottes? antwortete er ihnen und sprach: Das Reich Gottes kommt nicht in äußerlicher Gestalt;*
>
> *Man kann auch nicht sagen: Siehe hier! Oder da ist es! Denn sehet, das Reich Gottes ist inwendig in euch.*

Gita: 10:20 Krishna: Ich bin das Selbst, welches in den Herzen aller Geschöpfe wohnt. Ich bin der Anfang, die Mitte und das Ende aller Wesen.

Die Parallelen zwischen den altindischen Erzählungen über „Krishna" und der Geschichte des „Jesus-Christus", wie diese in den vier Evangelien geschildert wird, sind unübersehbar. Es ist sehr wahrscheinlich, dass wesentliche Teile der Jesus-Geschichte und Philosophie von den mehr als tausend Jahre älteren Erzählungen über Krishna übernommen und an die religiöse Kultur der Juden, sowie an die historische Situation im damaligen römisch-jüdischen Reich Judäa angepasst wurde.

Das kommt auch in der Legende von den Magiern zum Ausdruck, die zur Geburt des Jesu aus dem „Morgenlande" gekommen sind und ihm Gold, Weihrauch und Myrrhe gebracht haben (*Luk. 2,1-11*). Wobei Gold als Symbol für „Weisheit", Weihrauch für „Heilung" (wurde als Heilpflanze verwendet) und Myrre als Gleichnis für „ewiges Leben" (diente der Einbalsamierung) zu verstehen sind.

Dieser Umstand ändert natürlich nichts an dem Wert der Weisheits-Perlen, die wir in den Evangelien vorfinden.

Das große Epos Mahabharata

Es ist erstaunlich, dass die Schilderung einer bevorstehenden blutigen kriegerischen Auseinandersetzung als Rahmengeschichte für eine höchst spirituelle Unterweisung dient. Dem Autor der Gita war offenbar daran gelegen, sein religiös-philosophisches Werk einem breiten Publikum zugänglich zu machen. Deshalb nützte er, wie manche Gelehrte vermuten, die Schilderung des Geschehens unmittelbar vor der Schlacht am Kuru-Feld dazu, die Lehre der Gita in das im alten Indien weit verbreitete Volks-Epos Mahabharata einzufügen. Dieser Schachzug war so erfolgreich, dass die Gita in Indien bis heute als die wichtigste heilige Schrift verehrt wird und weltweit, neben der Bibel als die am meisten verbreite spirituelle Schrift gilt.

Der bevorstehende Kampf mit dem voraussichtlichen Tod vieler Krieger eignete sich auch als brauchbarer Einstieg um die Philosophie der Gita, die sich mit Geburt und Tod, mit dem Sinn des Lebens, mit Gott und allen großen Lebensfragen auseinander setzt, darzustellen.

Die Entstehung der Gita

Die Niederschrift der Gita dürfte zwischen dem fünften und zweiten Jahrhundert vor unserer Zeit erfolgt sein. In die Gita eingeflossen sind, wie schon erwähnt, die wesentlich älteren Weisheitslehren der Veden, deren Entstehung rund tausend Jahre zuvor vermutet wird.

Der Autor der Bhagavad-Gita ist unbekannt. Nach der Legende soll es „*Vyasa*", ein altindischer Weiser sein, der auch als Inkarnation des Gottes *Vishnu* verehrt wurde. Er gilt ebenso als der Verfasser des großen indischen *Heldenepos Mahabharatha*. In dieses Epos wurde die Bhagavad-Gita eingefügt.

Kap.1 – Die Rahmengeschichte

Die Schlacht am Kuru-Feld

Das erste Kapitel der Gita hat mit dem Inhalt der spirituellen Lehre, die in den weiteren Kapiteln dargestellt wird, nicht viel zu tun. Es dient als Einleitung in der geschildert wird, wie es dazu kam, dass Krishna seinem Schüler Arjuna all seine Weisheit und Herrlichkeit offenbarte.

Wir erfahren hier von einem Geschehen, welches sich nach der Legende vor langer Zeit im alten Indien auf dem „Kuru-Feld" zugetragen haben soll. Diese Geschichte hat unmittelbaren Bezug zu der im Epos Mahabharata ausführlich dargestellten Fehde zwischen zwei Königsfamilien.

Zum Anfang des ersten Kapitels der Gita stehen sich die Heere der „Pandava" auf der einen Seite und der „Kauravas" auf der anderen, kurz vor dem Beginn einer großen Schlacht, feindlich gegenüber. Im Streit geht es um die Herrschaft im Königreich „Bharata".

Der Königssohn Arjuna und seine vier Brüder sind die Anführer der Pandavas. Diese gelten als gütig, besonnen und gerecht. Der älteste Bruder Arjunas sollte, dem herrschenden Gesetz nach, der rechtmäßige Thronfolger im Königreich sein. Doch er und seine Brüder werden von den mit ihnen verwandten Königssöhnen der Kurus, unter der Führung von Durjodhana, verfolgt. Diese wollen die Macht, die sie sich unrechtmäßig angeeignet hatten, erhalten und die Pandava vernichten. Durjodhana und seine Brüder werden als gierig und bösartig beschrieben.

Krishna ist der Lenker des Streitwagens, mit dem Arjuna in die unmittelbar bevorstehende Schlacht ziehen wird. Doch bald stellt sich heraus, dass Krishna, schon zuvor ein guter Freund Arjunas, kein gewöhnlicher Wagen-Lenker ist. Er offenbart sich als die höchste Gottheit, die in menschlicher Gestalt auf der Erde erschienen ist.

Das Geschehen kurz vor der Schlacht

Um die „Essenz der Gita" zu erfassen ist eine Kenntnis der Verse des ersten Kapitels mit der Situations-Schilderung am Kuru-Feld entbehrlich. Wir begnügen uns daher mit einer stark gekürzten Beschreibung der Szene, welche zum eigentlichen Inhalt der Gita, überleitet:

In den Versen *1:2-11* wird geschildert, wie Prinz Duryodana, der Anführer der Kauravas, kurz vor der Schlacht die Reihen der Feinde und die der eigenen Männer inspiziert. Viele Namen von berühmten Männern, die in indischen Sagen und Legenden eine Rolle spielen, werden aufgezählt.

Geschildert wird auch wie, offenbar zur damaligen Zeit üblich, in Muschel- und Rinder-Hörner geblasen und Trommeln geschlagen werden um die eigenen Männer anzufeuern und den Gegner einzuschüchtern. Großer Lärm hallt dadurch über das Feld.

Sodann wechselt die Szene zu Arjuna, wie er aufrecht in seinem Streitwagen zu seinem Wagenlenker Krishna spricht:

1:21-23 Oh, Krishna, lenke meinen Wagen zwischen die beiden Heere, damit ich erkenne wer sich an diesem Kampf beteiligen wird. Ich will sehen wer dem üblen Duryodana Unterstützung leistet.

1:25 Und so fuhr Krishna den prächtigen Streit-Wagen zwischen die beiden Heere, wo er ihn anhielt und sprach: Arjuna, sieh all die hier versammelten Kurus.

1:26-27 Hier zwischen den beiden Heeren, stehend im Wagen, sah Arjuna, dass unter den Gegnern Väter und Großväter, Lehrer, Onkel und Brüder, Söhne, Enkel, sonstige Verwandte, und Freunde beieinander waren.

Arjuna wird von Mitleid überwältigt

In diesem Augenblick verzweifelt Arjuna an seiner Mission. Es überkommt ihn großes Mitleid, er beginnt zu klagen:

> *1:28-30 Wenn ich hier meine eigenen Verwandten kampf-bereit erblicke, werden meine Glieder schwach; mein Mund ist trocken, mein Leib zittert und meine Haare sträuben sich; meine Haut brennt, der Bogen entgleitet mir. Ich kann nicht mehr aufrecht stehen und alles dreht sich in meinem Kopf.*
>
> *1:31-32 Ich kann keinen Sinn darin erkennen meine Verwandten in der Schlacht zu töten, o Krishna. Ich begehre weder Sieg noch Herrschaft oder sonstige Freuden.*
>
> *1:32-35 Welchen Nutzen haben für uns die Königsherrschaft, die Genüsse und das Leben, wenn all die Lehrer, Väter, Söhne und Verwandten, die hier einander gegenüber stehen, ihr Leben aufgeben müssen. Selbst wenn sie mich töten würden, ich bin nicht bereit sie zu töten, nicht einmal wenn ich dafür alle Reichtümer des Himmels und der Erde erlangen würde.*

Das Kapitel eins endet sodann mit den Worten:

> *1:47 Nachdem Arjuna so gesprochen hatte, warf er Bogen und Pfeile weg und setzte sich von Schmerz überwältigt in dem Streitwagen nieder.*

Kap. 2 – Der unvergängliche Wesenskern

Man kann sagen, dass in den Versen dieses Kapitels bereits die gesamte Philosophie der Gita in gedrängter Form vorweg genommen wird.

Die Unterscheidung von Vergänglichem und Unvergänglichem

Krishna geht auf die Ängste und Sorgen Arjunas ein und beginnt seine Lehrrede mit den Worten: *„Du beklagst jene, die nicht zu beklagen sind und glaubst kluge Worte von dir zu geben..."* Er bezieht sich darauf, dass es jenseits der Dimension der Sinneswahrnehmungen keine Dualität von Werden und Vergehen gibt. Doch Menschen, die nur ihren Sinnen vertrauen, erkennen nicht die Wirklichkeit hinter den Dingen. Ihnen ist nur die vergängliche Erscheinungswelt bekannt. An dieser hängen sie und machen sich Sorgen ob sie das, was sie wünschen und lieben bekommen und behalten können. Wer nur das Vergängliche wahrnimmt, wird zwangsläufig, bewusst oder unbewusst, von Ängsten und Sorgen geplagt.

Die Probleme der Menschen resultieren aus Unwissenheit. Ihnen ist nicht bekannt, dass ihre Seele unzerstörbar ist. Sie haben keine Kenntnis vom Sinn ihrer Erdenreise. Sie wissen nicht, dass ihre Seele solange von Inkarnation zu Inkarnation wandert, bis sie das Ziel dieser Verkörperungen erreicht hat.

Das Selbst kennt weder Geburt noch Tod

In den Versen *2:19 bis 24* versucht Krishna aufzuzeigen, dass der Mensch nicht identisch ist mit seinem Körper und seinen Handlungen. Der Seelengrund des Menschen, sein Selbst, seine wahre Wesenheit, wird niemals geboren oder zerstört.

Wie im Vers *2:19* erklärt wird, gibt es keinen Menschen der getötet werden kann und niemand sollte glauben, er könne jemanden töten. Diese Worte sind nur dann verständlich, wenn man zwischen dem sterblichen Körper des Menschen und der unsterblichen Seele unterscheidet.

Re-Inkarnation

Jede Seele bewohnt für die Zeit ihres Erdendaseins einen Körper. Sie legt diesen, wie Vers 2:22 schildert, sobald er seine Aufgabe als „Werkzeug" nicht mehr erfüllen kann, wie alt gewordene Kleider ab, um sodann einen neuen zu erwerben. Wie auch im Vers 15:8. wunderbar beschrieben „... *nimmt die Seele die Kräfte der Sinne und des Denkorgans mit, wenn sie den Körper verlässt und bringt sie wieder mit sich, wenn sie sich aufs Neue mit einem Körper verbindet.*"

Im Hinduismus und Buddhismus gilt es als selbstverständlich, dass jede Seele durch unzählige Verkörperungen hindurch geht. Dadurch wird ihr die Möglichkeit gegeben immer höhere Bewusstseins-Stufen zu erreichen.

Davon waren auch die alt-griechische Philosophen, wie beispielsweise Sokrates und Platon, überzeugt. Im frühen Christentum war die Reinkarnations-Lehre insbesondere durch den Einfluss der griechischen Philosophen weit verbreitet. Allerdings wandte sich in späterer Zeit die Mehrheit der christlichen Kirchenväter dagegen, weil sie mit der Vorstellung der Auferstehung aller Toten zum „Endgericht" (jüngstes Gericht) als unvereinbar erachtet wurde.

Nach den hinduistischen und buddhistischen Lehren bewirken die unerfüllten Wünsche und Begierden des Ego, dass die Seele sich nach dem Tod wieder einen neuen Körper sucht um ihre Bedürfnisse zu stillen.

Die Bedingungen, unter welchen der Mensch wieder geboren wird, sind von dem Karma abhängig, welches er im Laufe seines vorangegangenen Lebens verursacht hat. Sein Denken und Handeln im alten Leben bestimmen in welchem Körper, mit welchen geistigen und seelischen Anlagen, bei welchen Eltern und in welcher Umgebung er wieder auf Erden erscheint um hier seine Seelenentwicklung fortzusetzen.

Wer jedoch im Zeitpunkt des Todes mit der Glückseligkeit Brahmans verbunden ist, wird vom Samsara, (Rad ständiger Wiedergeburten) befreit. Sein Ego und sein Anhaften an den Freuden der Welt sind schon vor seinem Ableben erloschen. Deshalb hat er nach dem Verlassen seines Körpers kein Interesse daran, neuerlich durch die Freuden und Leiden, wie sie die Welt bietet, hindurch zu gehen.

Selbstloses Handeln, die Basis der Befreiung

Beginnend mit Vers *2:39* wird die Art und Bedeutung von selbstlosem Handeln beschrieben. Die Gita wird auch als „Hohelied der Tat" bezeichnet, (K.O. Schmidt) weil in ihr ganz besonderes die Notwendigkeit des selbstlosen Wirkens (Karma-Yoga) betont wird.

Wer unbeeinflusst von eigensüchtigen Wünschen handelt, der befindet sich auf dem besten Weg zur Befreiung. Er erfüllt seine Pflichten und bleibt dabei gelassen gegenüber Erfolg und Misserfolg seiner Handlungen. Er gibt sein Bestes und überlässt die Entscheidung über die Früchte seines Wirkens der allumfassenden Weisheit. Sein Glück und sein Seelenfrieden bleiben vom Weltenlauf unberührt.

Die Beherrschung des Mentals

Die Verse *2:58 ff.* beschreiben die Voraussetzungen um frei von Problemen und Sorgen zu sein. Eine Grundbedingung dafür ist die stets sorgfältige Beobachtung der Vorgänge im eigenen Mental. Dadurch wird es möglich diese immer besser lenken zu können.

Andernfalls macht sich das Ego mit seinen Vorlieben und Abneigungen breit. Es entstehen Ärger, Abhängigkeiten, Leidenschaften, Ängste und Verwirrung *(siehe Kap. 6)*. Wer hingegen von Wünschen und Erwartungen unberührt bleibt, genießt die Liebe, Weisheit und Vollkommenheit im Grunde seiner Seele.

Unter dem Begriff „Mental" (engl. mind) fasst man gewöhnlich ein Bündel von geistigen Fähigkeiten zusammen, welches Wahrnehmung, Denken, Beurteilen und Gedächtnis sowie Gefühle und Willensimpulse ermöglicht.

Du beklagst, was nicht zu beklagen ist

2:2 Krishna: Woher, Arjuna, kommt deine Schwäche in dieser schwierigen Stunde der Entscheidung? Sie ist deiner nicht würdig. So gelangst du nicht in höhere Welten, sondern erntest nur Schande.

2:6 Arjuna: Ich weiß nicht was besser ist, dass wir die Feinde besiegen oder dass sie uns besiegen.

2:7 Ich bin verwirrt und meine Kräfte versagen. Sag mir, welches der richtige Weg ist. Lass mich dein Schüler sein!

2:8 Mein Kummer wird nicht enden, selbst wenn ich alle Macht über Menschen und Götter erringen sollte.

Arjuna wiederholt seine Sorgen und seine Zweifel darüber ob er sich an dieser Schlacht beteiligen soll.

2:10 Inmitten der beiden Heere sprach Krishna mit einem Lächeln auf seinen Lippen zu Arjuna, der sich in seinem Schmerz verloren hatte:

2:11 Du beklagst jene, die nicht zu beklagen sind und glaubst kluge Worte von dir zu geben. Doch die Weisen jammern weder wegen der Lebenden noch wegen der Toten.

2:12 Niemals gab es eine Zeit, wo du und ich und die hier versammelten Könige und Fürsten nicht existiert haben, noch wird es je eine Zeit geben, wo wir aufhören zu existieren.

2:13 Wie die Seele durch Kindheit, Jugend und Alter hindurch den Körper bewohnt, so wird sie nach dem Tod wieder einen anderen Körper erlangen. Die Weisen lassen sich durch solche Veränderungen nicht beirren.

Krishna weist darauf hin, dass der Körper dem Menschen für die Zeit seines Aufenthaltes auf der der Erde vorübergehend als Wohnsitz dient. Der Mensch ist nicht identisch mit seinem Körper. Die Seele wird nicht „geboren" wenn sie sich inkarniert und sie hört nicht auf zu existieren, wenn der Körper stirbt.

Lust und Schmerz

2:14 Sinnliche Wahrnehmungen führen zu Lust oder Schmerz. Diese Erfahrungen kommen und gehen wie Sommer und Winter. Lerne sie geduldig zu ertragen, Arjuna.

2:15 Jene, die gegenüber Freude und Leid gelassen in sich ruhen, sind wahrhaft weise und werden Befreiung erlangen.

Das Leben in einem Körper ist unvermeidbar mit angenehmen und unangenehmen Erfahrungen verbunden. Der Weise begegnet diesen Erfahrungen mit Gelassenheit und verbleibt stets in Verbindung mit seinem höheren Selbst.

Das Wirkliche ist unvergänglich

2:16 Was vergänglich ist, hat keine Wirklichkeit. Das Wirkliche hört niemals auf zu sein. Wer diese beiden zu unterscheiden vermag und ihren Sinn erkennt, hat Weisheit erlangt.

2:17 Erkenne, dass das, welches alle Erscheinungen hervorruft und durchdringt, unzerstörbar ist. Wer sollte diesen unveränderlichen und unvergänglichen Geist zerstören?

2:18 Der Körper ist sterblich. Doch unfassbar und unvergänglich ist das Selbst, welches den Körper bewohnt. Daher kämpfe in dieser Schlacht, Arjuna.

Wer das unvergängliche Selbst erkannt hat, trauert nicht mehr um den Untergang von Vergänglichem. Er erkennt das Entstehen und Vergehen der Körper als ein Schauspiel, welches von weiser göttlicher Hand inszeniert wird, um den Menschen in ein höheres Bewusstsein zu führen.

Das Selbst wird nicht geboren und stirbt nicht

2:19 Wer sich als den Tötenden ansieht und den anderen als den Getöteten ist unwissend. Was du wirklich bist, tötet weder noch wird es getötet.

2:20 Das Selbst wurde niemals geboren und wird niemals sterben. Das, was du wirklich bist, hört nimmer auf zu sein. Ungeboren, ewig, unwandelbar, stirbst du nicht, wenn auch dein Körper vergeht.

2:21 Wie kann das Selbst, welches als unzerstörbares, ungeborenes und unvergängliches Sein erkannt wird, von jemanden getötet werden?

2:22 So wie ein Mensch unbrauchbar gewordene Kleider ablegt und neue erwirbt, so wird vom Selbst, wenn der alte Körper nicht mehr taugt, ein neuer erworben.

2:24 Das Selbst ist immerwährend und all-durchdringend. Es kann niemals vernichtet werden. Es wird als unsichtbar, unbegreiflich und unveränderlich beschrieben.

Die Gita setzt sich fortlaufend, fast in allen Kapiteln, mit dem „Selbst", dem unsterblichen, mit den Sinnen nicht wahrnehmbaren Wesenskern des Menschen auseinander. Dieses Selbst, in der Sanskrit-Sprache der Gita meist „Atman" genannt, muss erkannt und verwirklicht werden um sich aus dem Kreislauf der Wiedergeburten zu befreien und ewiges Leben zu erlangen.

Alle Erscheinungen kommen und gehen

2:26 Auch wenn du annimmst, dass die Seele immer wieder der Geburt und dem Tod unterworfen ist, so solltest du nicht klagen.

2:27 Denn der Tod ist unausweichlich für die Geborenen; die Geburt ist unausweichlich für die Toten. Was gibt es da zu trauern?

2:28 Alle Wesen sind zu ihrem Anfang unmanifestiert, sodann geoffenbart in der Erscheinung und zuletzt wieder ohne Manifestation. Was soll dich das grämen?

In der Natur erkennen wir einen ewigen Kreislauf von Entstehen und Vergehen. Dem sind alle erscheinenden Dinge und Lebewesen unterworfen. Wer das ewige Selbst erkannt hat, bleibt davon unberührt.

Keiner kennt das Selbst, den Atman

2:29 Die einen betrachten das Selbst als ein Mysterium, die anderen hören oder sprechen von ihm als ein Wunder. Doch keiner, der bloß von ihm gehört hat, kann es erkennen.

2:30 Das Selbst ist der Bewohner jedes Körpers. Es ist ewig und unzerstörbar. Deshalb solltest du dir keine Sorgen machen.

Das Selbst kann nicht durch Worte beschrieben oder bloß mit dem Verstand begriffen werden. In der bewussten Realisierung des Selbst kann es „angeschaut" oder besser gesagt, gelebt werden. Die Bedingungen dazu werden in der Gita ausführlich beschrieben.

> *2:31 Mit Rücksicht auf deine Pflicht als Krieger (Kshatriya) solltest du nicht schwanken. Für einen Krieger ist es notwendig den Kampf gegen das Böse zu vollziehen.*
>
> *2:33 Wenn du diesen Kampf für das Recht nicht auf dich nimmst, vernachlässigst du deine Pflicht. Du gerätst in Schuld und wirst deinen Ruhm als Kämpfer verlieren.*
>
> *2:38 Glück und Leid, Verlust und Gewinn, Sieg und Niederlage sollten deine Seele nicht berühren. Wenn du mit dieser Einstellung handelst, wirst du keine Schuld auf dich laden.*

Krishna ermahnt Arjuna seine Pflicht als Angehöriger der Krieger-Kaste zu erfüllen. Um seinen Worten Nachdruck zu verleihen, begibt er sich auf die duale Bewusstseinsebene des Arjuna und verweist auf Schuld und Schande, wenn er seine Pflichten nicht erfüllt. In später folgenden Versen erklärt er, dass ein Weiser mit höherem Bewusstsein von Lob und Tadel unberührt bleibt. *(Vergl. 12:18)*

Kein Anspruch auf Früchte deines Tuns

> *2:47 Kümmere dich darum deine Pflichten zu erfüllen. Doch dabei sollten die Früchte deiner Arbeit nicht dein Beweggrund sein.*
>
> *2:48 Erfülle deine Pflichten frei von Begehren und Ablehnung. Bleib unberührt von Erfolg und Misserfolg. Solche Gelassenheit wird Yoga genannt.*

2:49 Taten haben geringeren Wert als die Zügelung des Verstandes. Suche daher deine Zuflucht in der Vernunft. Arm sind jene, die nach den Früchten ihrer Werke streben.

Wiederholt lesen wir in der Gita, dass spiritueller Fortschritt nur möglich ist, wenn wir unsere Aufgaben selbstlos erfüllen, ohne begierig auf die Früchte unserer Arbeit zu schielen. Ein solches Handeln vermeidet karmische Verstrickungen. Wir sollten unser Bestes geben, um unsere Pflichten zu erfüllen und es sodann dem universellem Geist überlassen, welche Erfolge sich einstellen.

Mahatma Gandhi empfahl in diesem Sinne beim Handeln eine *„absolut losgelöste und zugleich absolut engagierte"* innere Einstellung.

Verankert im reinen Bewusstsein

2:50 Wer mit seinem Geist in der Einheit ruht, geht über das duale Beurteilen von „gut" und „schlecht" hinaus. Er handelt weder gut noch böse. Strebe daher nach dieser Klarheit des Yoga.

Der Mensch ist von der Natur mit einem dualen Bewusstsein ausgestattet. Das heißt, er denkt zwangsläufig in Gegensätzen von „Gut und Böse", „Angenehm und Unangenehm", „Will ich – Will ich nicht". Er lebt in der „Zweiheit" getrennt von der göttlichen, allumfassenden „Einheit". Um mit dem Selbst und damit mit allem Sein Eins zu werden, müssen wir in die Bewusstseins-Dimension jenseits des dualen Denkens und Bewertens vordringen. Nach der Gita wird dies durch die „Yoga" - Pfade ermöglicht. Diese werden in weiteren Versen ausführlich beschrieben.

2:51 Die Weisen, die mit dem Selbst Eins geworden sind, verzichten auf die Früchte ihrer Werke. So werden sie von den Fesseln der Wiedergeburt befreit und erlangen den Ort jenseits allen Elends.

2:52 Wenn dein Geist über die Täuschung der Dualität hinausgegangen ist, wirst du im Zustand des Gleichmuts verweilen gegenüber Allem, was sich ereignet.

2:55 Einer, der alle selbstsüchtigen Wünsche aufgegeben hat, der im Selbst seine Erfüllung findet, der gilt als verankert im reinen Bewusstsein.

2:56 Der wird als feststehend in seinem Geiste genannt, der weder durch Leiden erschüttert noch von Freuden mitgerissen wird und frei ist von Anhaftung, Furcht und Zorn.

Die duale Sichtweise erzeugt ein stark verzerrtes Bild der Wirklichkeit. Um die Täuschung der Dualität zu überwinden, muss der Mensch über sein Ego hinaus gehen. Dieses Ego ist geprägt von zwanghaften Gedanken, Gier, Selbstsucht, Ärger, Ängsten und Sorgen. *(Näheres dazu siehe Kap. 14)*

2:57 Wer frei ist von Begehren und weder jubelt, wenn ihm Angenehmes begegnet, noch jammert, wenn er Übles erfährt, der ist im Wissen fest verankert.

Der Weise durchschaut den relativen Wert und die Vergänglichkeit aller Dinge und Ereignisse. Deshalb wird sein Seelenfrieden von ihnen nicht gestört.

Gedanken bändigen

2:58 Wer wie eine Schildkröte, die ihre Glieder in den Panzer einzieht, seine Sinne von den äußeren Gegenständen abwendet, der gilt als fest gegründet im wahren Wissen.

2:61 Die ihre Sinne, Gedanken und Gefühle bändigen und ihren Geist stets auf das Selbst gerichtet halten, die gelten als im Bewusstsein gefestigte Menschen.

2:62 Durch Denken an Sinnesobjekte entsteht Verhaftung an diese. Aus Verhaftung kommen Begierden und aus Begierde bildet sich Leidenschaft.

2:63 Aus Leidenschaft entspringt Verwirrung, aus Verwirrung folgt Verlust der Erinnerung (an das Selbst). So wird die Vernunft zerstört und der Mensch verdirbt.

2:64 Wenn du frei bist von Anhaftung und Abneigung, enden alle Sorgen und tiefer innerer Frieden stellt sich ein.

2:66 Wer hingegen seine Gedanken nicht beherrscht, findet keinen Frieden. Er kann nicht in Konzentration verweilen. Doch wie kann es Glück ohne inneren Frieden geben?

Inneren Frieden erlangen

2:69 Was Nacht ist für alle Wesen, ist wie das Licht des Tages für den Weisen. Und was für alle Wesen Wach-Sein bedeutet, das ist dunkle Nacht für den der Erkenntnis hat.

Die Unwissenden kennen nicht die Glückseligkeit des Selbst. Das Transzendente ist für sie wie die Dunkelheit der Nacht. Für den Weisen bedeutet die Verbindung mit dem Selbst höchste Glückseligkeit.

Die Trugbilder des dualen Denkens sind für den Unwissenden die einzige Wirklichkeit. Der Weise hingegen erklärt sie für „dunkle Nacht".

2:70-71 So wie der große Ozean von den ständig einfließenden Gewässern nicht bewegt wird, so ruhig verbleibt, wer die Flut von Wünschen und Ablehnung unberührt und gelassen beobachtet.

2:71 Wer frei ist von Selbstsucht, nichts begehrt und ungebunden handelt, erlangt tiefen Frieden.

2:72 Dies, Arjuna, bedeutet göttliches, ewiges Leben. Wer dahin gelangt, wird nicht mehr verwirrt. Wer in der Stunde des Todes in diesem Zustand fest gegründet ist, geht ein in die Seligkeit Gottes (Brahma-Nirvana).

Kap. 3 – Karma-Yoga: Gott-Vereinigung durch rechtes Tun

Karma-, Bhakti-, Jnana-, Raja-, Hatha- Yoga

Im dritten Kapitel der Gita wird der Pfad zur Befreiung und Vereinigung mit der Gottheit durch selbstloses Handeln (Karma-Yoga) beschrieben. Der Sanskrit-Begriff „Karman" bedeutet wörtlich übersetzt „Wirken" oder „Tat". Nach alt-indischer Vorstellung ist jede Tat eng verbunden mit den Folgen die sie nach sich zieht. „Karma" hat daher auch die Bedeutung von „Schicksal", welches aus den Handlungen hervorgeht.

Der Begriff „Yoga" stammt vom Sanskrit-Wort „Yuga", das Joch. Unter „Yoga" wird im Hinduismus unter anderem – es gibt unzählige Bedeutungen dieses Wortes – die Verbindung mit der höchsten Gottheit verstanden. Nach alt-indischer Weisheit gibt es viele Wege um diese Vereinigung zu erreichen. Zu den Wichtigsten zählen Karma-Yoga (Yoga der Tat), Bhakti-Yoga (Yoga der Hingabe), Jnana-Yoga (Yoga der Erkenntnis) und Raja-Yoga (Königs-Yoga, Yoga durch Geist-Beherrschung). In der westlichen Welt wurde Yoga vor allem in der Art des Hatha-Yoga bekannt. Dieser Weg ist ausgerichtet auf körperliche Übungen (Asanas), Atem-Übungen (Pranayama) und Meditation.

Handeln und Abkehr vom Handeln

Arjuna, der nicht bereit ist sich an der bevorstehenden kriegerischen Auseinandersetzung zu beteiligen, stellt an Krishna die Frage, weshalb dieser ihn dränge an der Schlacht mitzuwirken, wenn ohnedies Beherrschung des Geistes mehr Wert habe als das Handeln. Er beruft sich dabei auf die Äußerung Krishnas, wonach Taten im Vergleich zur Geist-Kontrolle einen wesentlich geringeren Wert hätten *(2:49)*.

Damit gibt er Krishna das Stichwort um näher auf das Thema „Selbstloses Handeln" und „Abkehr vom Handeln" einzugehen.

Krishna erklärt, dass das Handeln für die verkörperte Seele unvermeidbar sei. Denn allein die Bedürfnisse des Körpers zwingen zum Handeln. Vollkommenheit werde nicht dadurch erreicht, dass man dem Wirken entsagt und strenge Askese übt. Damit nimmt Krishna Bezug auf die alte indische Tradition, nach der Verwirklichung des Selbst durch Rückzug vom weltlichen Leben und äußerste Enthaltsamkeit angestrebt wird.

Der mittlere Pfad

Von Gautama Buddha wird berichtet, dass er nach Erkenntnis des Leidens der Menschheit das prunkvolle Leben im Königspalast seines Vaters verließ. Sechs Jahre lang übte er in der Abgeschiedenheit harte Askese um innere Befreiung zu erlangen. Er beendete diesen Weg nachdem er die Nutzlosigkeit dieser Selbst-Kasteiung erkannte. Sodann verkündete er den „mittleren Pfad" zwischen den beiden Extremen von Kasteiung und Abhängig-Sein von sinnlichen Freuden.

So sprach Buddha bei der Predigt von Benares:

> *„Zwei Extreme sind, ihr Mönche, von Hauslosen nicht zu pflegen. Welche zwei? Bei den Sinnendingen sich dem Anhaften am Sinnenwohl hingeben, dem niederen, gemeinen, gewöhnlichen, unedlen, heillosen; und sich der Selbstqual hingeben, der schmerzlichen, unedlen, heillosen. Diese beiden Extreme vermeidend, ist der Vollendete zum mittleren Vorgehen erwacht, das sehend und wissend macht, das zur Beruhigung, zum Überblick, zur Erwachung, zum Nirvāna führt."*

In der Gita wird immer wieder das „Nicht-Anhaften" an Sinnesfreuden als wichtige Voraussetzung für alle Yoga-Wege unterstrichen. Doch dies sollte nicht in der Abwendung vom äußeren

Leben führen. Nach dem Geist der Gita ist es nicht notwendig in die „Hauslosigkeit" zu gehen oder als Bettelmönch zu leben um ein „Entsagender" (Sannyasa) zu sein. Entscheidend ist die innere Haltung beim Tun. Wer uneigennützig, in enger Verbindung mit seinem Selbst Werke verrichtet, bleibt von seinen Taten sowohl emotional als auch karmisch unberührt.

Der Mensch denkt, Gott lenkt

In den Versen *3:27-30* erklärt Krishna, dass alles Geschehen auf Erden von den Naturkräften Gottes (Prakriti) gesteuert wird. Doch . *„… der Mensch, verwirrt von seinem Ego-Gefühl, meint er sei der Täter."*

Der Mensch, der sich mit seinem Körper und seinem Mental (Denken, Fühlen, Wollen) identifiziert, vermeint, dass sein „Ich" frei, aus sich heraus, Entscheidungen trifft und Handlungen setzt. Dem widerspricht die Gita und erläutert, wie das Denken und Wollen des Menschen vorwiegend von den Gunas *(siehe Kap.13)* beherrscht wird.

Wer sich und seine Mitmenschen sorgfältig beobachtet, kann bald erkennen, dass die Art unserer Entscheidungen von unserer Veranlagung (Genen), von unserer Erziehung, von Gewohnheiten und von der Kultur in der wir uns bewegen abhängt. Für einen „freien Willen" bleibt dabei wenig Raum.

Allerdings: Je weniger ein Mensch seinen Ego-Wünschen verhaftet ist und je mehr er sich für seinen göttlichen Wesenskern öffnet, desto mehr Weisheit und Freiheit erlangt er. Er lebt dann seine individuelle Gottheit (Atman), die zugleich Eins ist mit dem universellen Bewusstsein (Brahman). So wird er selbst zu einer schöpferischen Kraft, die eingebunden ist in das Wirken der höchsten Gottheit. Wie ein Musiker in einem großen Orchester spielt er sein ureigenes Instrument und wirkt zugleich als Teil des Ganzen.

Karma

Im Vers *3:31* wird das Thema Schicksal (Karma) angesprochen. Das Karma-Gesetz kann kurz so beschrieben werden:

> *„Gutes tun bringt gute Folgen, Böses tun bringt böse Folgen – das Tun um des Tuns willen bringt keinerlei Folgen mehr!"*

Solange eine Seele nicht erwacht ist, vollbringt sie, von den Zwängen des dualen Denkens (Ego) beherrscht, sowohl „gute" als auch „schlechte" Taten.

Sie handelt dabei so, wie sie durch ihre Gene, ihre Erziehung und die Kultur, in der sie sich entwickelt, geprägt ist. Ohne Einsicht in diese Zusammenhänge kann man den Menschen kaum für sein Denken und Handeln verantwortlich machen.

In diesem Sinne sprach auch Jesus:

> *„Herr vergib ihnen, denn sie wissen nicht, was sie tun!"* *(Luk. 23,34)*

Die Wahlfreiheit der Seele

Trotz aller Unwissenheit gibt das Universum der Seele immer wieder die Möglichkeit sich entweder für den „Ego-Weg" zu entscheiden oder sich mit ihrem „göttlichen Inneren" zu verbinden. Typisch für den Ego-Weg ist die Suche nach äußerem Glück, nach Liebe die uns Menschen schenken sollen, nach Geld und Macht. Damit verbunden sind Ärger, Ängste, Zweifel und Sorgen. Der andere Weg, der Weg zum Selbst, führt zu innerem Frieden, zur Liebe, die gibt und nichts bekommen will, zur wunschlosen Glückseligkeit.

Täglich mehrmals wird der Mensch aufgerufen zu wählen, ob er sich Sorgen macht und sich mental von äußeren Umständen knechten lässt oder ob er seine Identifikation mit seinem Körper, seinem Mental und seinen Lebens-Umständen beendet.

Jeden Tag bekommt die Seele mehrere Chancen um einen zumindest kleinen Schritt in die eine oder andere Richtung zu gehen. Diese Entscheidungen bestimmen entsprechend dem Karma-Gesetz sein künftiges Wohlbefinden, seine Gesundheit und sein künftiges Schicksal.

Somit hat die Seele neben ihren Konditionierungen durch Karma, Veranlagung und Erziehung auch einen Raum für freie Entscheidung. Deshalb trägt sie die Verantwortung für die karmischen Folgen, die sich aus ihren Entscheidungen und Handlungen ergeben.

Karma bezweckt weder Belohnung noch Strafe

Karma mit seinen angenehmen und unangenehmen Folgen ist weder als Belohnung noch als Strafe zu verstehen. Es gibt in der „Realität" des Universum keinen strafenden Gott, sondern nur Weisheit und Liebe. Karma gehört zum göttlichen Spiel der Maya. Das Schicksal dient allein dazu, uns aus dem Traum von „Gut" und „Böse" wach zu rütteln. Wird am Ende eines oft sehr langen Weges entsprechende Einsicht erlangt, so geht die Seele über die Bindung an ihr Schicksal hinaus. Sie „überquert das Meer der Schuld" und gelangt zum Ufer ihres Selbst. *(Siehe 4:36-37)*

Du bist nicht dein Schicksal

Das Schicksal bestimmt das Leben des Menschen solange er nicht sein wahres Wesen erkennt. Denn Karma existiert nur auf der dualen Bewusstseins-Ebene des Menschen. Das Karma-Gesetz ist Teil des Traumes, der großen Illusion (Maya) in der sich gewöhnlich der Mensch befindet. Karma endet für denjenigen, der

- sich nicht mit seinem Körper, seinem Denken und Fühlen identifiziert,
- im „Hier und Jetzt" lebt und sich keine unnötigen Gedanken über die Zukunft macht,

- aus dem dualen Denken von „Gut" und „Böse" erwacht und die Vollkommenheit des Seins erkennt.

Karma betrifft stets nur unseren Körper und unser Mental (Denken, Fühlen, Wollen). Das „Selbst" (der Atman) wird weder von gutem noch von schlechtem Karma berührt. Für das Selbst gibt es keine dualen Unterscheidungen. Das Selbst lebt in vollkommener Harmonie mit dem was ist. Und das, was ist, ist Gott. Auf dieser Bewusstseinsebene gibt es kein „gut" und „schlecht". *(Siehe 5:15-17)*

Wer sein Selbst erkennt, ist befreit von der unendlichen Kette von Ursache und Wirkung, die seine bisherigen Inkarnationen bestimmt haben.

Jeder Mensch hat und ist das Selbst und dieses hat nichts zu tun mit den Problemen des Ego. Das Selbst ist reines Bewusstsein. Aus ihm geht alles hervor. Es ist Alles, die Erde und der Himmel, die Pflanzen und Tiere, alle Menschen. Wer das erkennt, dessen persönliche Sorgen und Probleme beginnen sich aufzulösen, wie zarter Nebel in der Morgensonne. Es ist also nur eine Frage von Erkenntnis und Bewusstheit, ob wir an Karma gebundene oder befreite, glückselige Wesen sind.

Das Problem ist das duale Denken

Das Problem des Menschen ist nur sein Denken, welches auf die vergänglichen Erscheinungen der Welt fixiert ist. Wir denken zu viel darüber nach ob es uns gut oder schlecht geht und was uns in der Zukunft erwartet. Auf diesem Boden wächst das Karma.

Du denkst nach über deine Probleme. Deshalb fühlst du dich schlecht, gestresst, verärgert, machst dir Sorgen usw. Du fühlst dich schlecht, wenn du darüber nachdenkst, was schlecht ist und dass du dich schlecht fühlst. Die Sorgen verursachen die Probleme – nicht umgekehrt! So entsteht die Illusion des Karmas.

Das Selbst, das „Reines Bewusstsein" beobachtet gelassen was sich ereignet. Es ist wie die Leinwand in einem Kino. Egal welcher Film gespielt wird, das reine Bewusstsein identifiziert sich nicht mit ihm. Es durchschaut die Illusion des Films und denkt nicht darüber nach ob es ihm „gut" oder „schlecht" geht. Es ist verbunden mit der Glückseligkeit des Seins. Es lebt im Hier und Jetzt und erledigt was zu erledigen ist – Punkt!

Mach dir immer wieder, besonders am Morgen, wenn du aufwachst klar: „Ich bin nicht die vergänglichen Erscheinungen des Lebens, bin nicht mein Körper, mein Denken, mein Fühlen. Ich bin reines, unvergängliches, unbegrenztes, glückseliges und vollkommenes Bewusstsein. Alles andere ist ein vergängliches Spiel, welches sich auf der Leinwand meines Bewusstseins ereignet.

Erkenne das „Himmelreich" in dir

Wie in den Versen *3:34* und *3:37-38* geschildert wird, entstehen Leidenschaften, Ärger und Zorn aus der Fehlinterpretation der Sinnes-Wahrnehmungen. Der Unwissende erkennt nicht den göttlichen Lenker hinter allen Erscheinungen. Geblendet von den Wünschen seines Egos geht er davon aus, dass die Schöpfung nicht vollkommen sei. Er will daher die Welt zu seinem persönlichen Vorteil verändern. Rastloses Tun, um äußere Erfolge, Macht, Reichtum, Anerkennung und Zuneigung zu erreichen sind oft die Folge.

Andere wiederum glauben „selbstlos" die Welt verbessern zu müssen. Auch dieses Bestreben erfolgt aus der Verirrung des Egos. Doch Gott braucht keine hilflosen Helfer. Das Einzige was Sinn macht und allgemeinen Nutzen bringt, besteht darin, das „Himmelreich (den Gott) in uns" *(Luk. 17, 20-21)* zu finden. Wir helfen uns und der Welt am besten, wenn wir aus der Unwissenheit erwachen. Daraus ergibt sich ganz natürlich, ohne Müssen und Wollen ein liebevolles und harmonisches Wirken im Einklang mit allem Sein.

Die Notwendigkeit des Handelns

> *3:1 Wenn du den Weg der Einsicht für höher erachtest als das Wirken, warum drängst du mich dennoch in diese schreckliche Schlacht?*
>
> *3:3 Krishna: Es gibt zwei Pfade für die Befreiung: Jnana Yoga, den Weg der Erkenntnis und Karma Yoga, den Pfad der selbstlosen Werke.*

Jeder Mensch hat entsprechend seiner Individualität seinen eigenen Zugang zu höherer Wahrheit. Die Gita unterscheidet primär zwei Wege, den der Erkenntnis und den der selbstlosen Werke. Diese beiden Wege ergänzen sich gegenseitig. *(siehe die Einleitungen zu den Kap. 5 und 12)*

Selbstlos seine Pflichten erfüllen ist die Basis für die Reinheit des Geistes und für wahre Erkenntnis. Höchste Erkenntnis mündet ins ewige, unmanifestierte und unbeschreibbare Sein.

> *3:4 Vollkommenheit erreicht man nicht indem man sich des Wirkens in der äußeren Welt enthält und asketisch lebt.*
>
> *3:5 Kein Wesen kann nur einen Augenblick tatenlos sein. Jeder wird durch die eigene Natur zum Handeln gezwungen.*
>
> *3:8 Erfülle all deine Pflichten! Handeln ist besser als Nichthandeln. Schon um den Körper zu erhalten musst du tätig sein.*

Selbstlos handeln

> *3:9 In der Welt sind wir genötigt Werke zu erbringen. Doch handle selbstlos. Denn selbstsüchtiges Handeln bindet dich an die Welt.*

3:10 Der Mensch wurde von dem Herren zum selbstlosen Handeln geschaffen. Durch dieses sollte er fruchtbar sein. So wird er letztlich die Erfüllung aller seiner Wünsche finden.

3:12 Alle Dinge, die ihr benötigt, werdet ihr von den Göttern bekommen. Doch wer deren Gaben genießt, ohne selbst zu geben, ist ein Dieb.

3:14 Die Nahrung für den Körper benötigt den Regen. Dieser ist eine Gabe des Lebens. Er geht hervor aus dem im Universum wirkenden Prinzip des selbstlosen Dienstes.

3:15-16 Selbstloses Handeln, Arjuna, hat in Brahman, dem Universellen Gott seinen Ursprung.

Wer nicht ebenfalls in diesem Sinne wirkt, der vergeudet sein Leben.

Alles, was der Mensch für sein Leben benötigt, bekommt er von den Kräften, die sich in der Natur offenbaren. Durch selbstloses Dienen zeigen wir Dankbarkeit und befreien uns von der Selbstsucht des Ego. Auf diese Weise wird der Zugang zum universellen Bewusstsein geöffnet.

Der Stimme des Herzens folgen

3:17 Jene, die das Selbst gefunden haben, sind immer zufrieden. Sie erfreuen sich am Selbst. Sie folgen nicht äußeren Pflichten, sondern der Stimme ihres Herzens.

3:18 Sie begehren keinen Gewinn von der äußeren Welt. Sie haben durch Handlungen, die vollbracht oder nicht vollbracht sind, nichts mehr zu gewinnen.

3:19 Erfülle daher deine Aufgaben ohne an Ergebnissen anzuhaften, so erreichst du deine Vollendung.

Zufriedenheit schafft seelischen Frieden. Und dieser schafft Raum für die Entfaltung der Vollkommenheit, Liebe und Glückseligkeit des Selbst.

Vorbild sein

> *3:20 Janaka und andere erreichten die höchsten Bewusstseins-Stufen indem sie selbstlos ihre Pflichten erfüllten. So solltest auch du deinen Aufgaben entsprechen.*

Janaka war der legendäre König von Mithila, einem Reich im Norden Indiens. Er gilt als großes Vorbild, weil er sein Ego aufgegeben und selbstlos für die Menschen gewirkt haben soll.

> *3:21 Im Selbst verankerte Menschen handeln als Vorbild für andere. Gewöhnliche Menschen folgen gerne ihren Spuren.*
>
> *3:22 Für mich (Krishna) gibt es im ganzen Universum nichts zu gewinnen und dennoch bin ich unablässig tätig.*
>
> *3:23 Wenn ich untätig wäre, so würden viele Menschen meinem Beispiel folgen.*
>
> *3:24 Wenn ich aufhören würde zu handeln, würde diese Welt ins Chaos stürzen. Alle Menschen wären dadurch der Vernichtung preis gegeben.*
>
> *3:25 Die Unwissenden vollziehen ihre Aufgaben angetrieben von Verlangen. Der Wissende erfüllt seine Pflichten in der Absicht dem Wohle aller zu dienen.*
>
> *3:26 Wer Erleuchtung erlangt hat und im Geist des Yoga handelt, möge die anderen anleiten ebenso zu wirken.*

Liebe und selbstloses Dienen sind das Fundament der diesseitigen und jenseitigen Welt. Wer sich davon ausschließt, trennt sich von der Fülle und Schönheit des Seins.

Du bist nicht der Täter

3:27 Alles was in der erscheinenden Welt geschieht, wird durch die Kräfte meiner Natur (Prakrti) vollzogen. Doch der Mensch, verwirrt von seinem Ego-Gefühl, meint er sei der Täter.

3:28 Wer Unterscheidungskraft erlangt, der haftet nicht an den Erscheinungen und glaubt nicht selbst etwas zu bewirken.

3:30 Bleib dir bewusst, dass alle Werke auf mich (Krishna) zurück gehen. Bleib deshalb frei von persönlichen Erwartungen und handle in Verbundenheit mit mir.

Derjenige, der Befreiung sucht, gewöhnt sich daran stets die Regungen seines Mentals zu beobachten. Dadurch gewinnt er Abstand und lockert die Identifikation mit dem, was sein Mental und sein Körper denken und tun.

Begehren und Abneigung

3:31 Jene, die freudig meiner Lehre folgen und sich nicht beklagen, die werden von ihrem Karma (Schicksal) entbunden. Hingegen schaffen diejenigen selbst ihr Leid, die blind für alle Weisheit sind.

Der „normale" Mensch reagiert auf Dinge und äußere Ereignisse mit Begehren oder Abneigung. Auf diese Weise entwickelt er ein Ego welches von Wünschen, Sorgen und Ängsten geprägt ist.

> *3:34 Begehren und Abneigung lauern hinter allen Sinneswahrnehmungen. Hüte dich vor diesen Feinden auf deinem Weg.*
>
> *3:37 Leidenschaft entsteht aus selbstsüchtigem Begehren. Damit verbunden sind Zorn und sonstige Übel, die den Menschen bedrohen.*
>
> *3:38 Wie Rauch das Feuer umhüllt, wird Erkenntnis von Leidenschaft getrübt.*

Selbstsüchtiges Begehren und Handeln führt den Menschen in Verirrung und macht ihn unfrei. Leidenschaft, Zorn, Ärger, Angst versetzen den Menschen in tiefe Unbewusstheit. Dadurch wird er den niederen Naturkräften ausgeliefert.

> *3:42 Die Fähigkeit der Sinneswahrnehmung ist mächtig. Doch mächtiger ist das Denkorgan (Manas). Die Vernunft (Buddhi) regiert eine Stufe über dem Denkorgan. Doch über allem erhaben wirkt das Selbst (Atman).*
>
> *3:43 Darum setze dein Selbst ein, um dein niederes Ich mit seinem Begehren zu beherrschen.*

Die altindische Philosophie unterscheidet zwischen der allgemeinen Denkfähigkeit (Manas) und der intuitiven Fähigkeit die Wahrheit zu erkennen (Buddhi). Das Wort Buddhi stammt von budh (erwachen) ab. Ein „Erwachter" wird daher als Buddha bezeichnet.

Kap. 4 – Jnana-Yoga – Der Weg der Erkenntnis

In jedem Menschen verbirgt sich ein „Avatar"

In den ersten Versen dieses Kapitels *(4:1-3)* beschreibt Krishna wie er schon in längst vergangener Zeit den „unvergänglichen Yoga" (die Weisheit, welche er in der Gita dem Arjuna vermittelt) dem vedischen Gott Vivasvat geoffenbart hat. Von diesem wurde sie weiter gegeben an Manu, dem Stammvater der Menschen und dieser unterrichtete Ikshvaku, (eine Königsgestalt in der indischen Mythologie). Von dort wurde die Lehre in einer langen Kette von weisen Meistern weiter gegeben.

Arjuna wundert sich, dass Krishna, der augenscheinlich erst zu seiner Zeit geboren wurde, schon in urferner Vergangenheit diese Lehre verkündet hätte. Worauf Krishna ihm erklärt, dass sowohl Arjuna als auch er schon durch unzählige Inkarnationen hindurch gegangen sind.

Krishna erläutert weiter, dass er als Avatar („Herabgestiegener") immer dann in der Gestalt einer besonderen Persönlichkeit auf Erden erscheine, wenn die ewige Lehre droht in Vergessenheit zu geraten.

Genau genommen ist jeder Mensch im Kern seiner Seele ein Avatar. Denn dieser Kern (Atman) gilt als wesensgleich mit Brahman, der allumfassenden Gottheit. Nach altindischer Weisheit unterscheiden sich das Selbst und die höchste Gottheit nicht voneinander. Mit der Verwirklichung des Selbst, wird die Seele Eins mit Brahman und umgekehrt, in der Vereinigung mit Brahman, verwirklicht die Seele den Atman.

Nicht-Handeln im Handeln

In den Versen *4:14 bis 24* beschreibt Krishna das Handeln, welches keine Karma-Folgen verursacht. Derjenige „handelt nicht im Handeln", der frei von persönlichen Wünschen und Erwartungen die Aufgaben verrichtet, die das Leben an ihn heranträgt.

„Nicht-Handeln" im Sinne der Gita entspricht einer Geisteshaltung. Der „Entsagende" (Sannyasa) verharrt nicht in Untätigkeit, sondern er verrichtet seine Werke mit heiterer, selbstloser Seelenstimmung. Ohne Begehren oder innere Abwehrhaltung spürt er, welches Handeln dem universellen Willen, mit dem er sich in Harmonie befindet, entspricht.

Weil er ohne Bindung an die Ergebnisse seines Wirkens handelt, fühlt er sich frei und ungebunden. Er ruht glücklich und zufrieden in sich, ganz gleich welche Erfolge sein Wirken mit sich bringt.

Der „Nicht-Handelnde" hat eine höhere Bewusstseinsstufe erreicht. Er weiß sich Eins mit dem Ursprung allen Seins. Er hat die Seligkeit des Wunschlos-Seins gefunden.

Zufriedenheit

Als Ramana Maharshi (indischer Weisheitslehrer des 20. Jhdt.) gefragt wurde wer Gott sei, antwortete er nach längerem Stillschweigen:

„Gott ist, was ist."

Gott lässt sich nicht analysieren und definieren. Alle diesbezüglichen Versuche müssen scheitern. So kann auch keine Religion den „wahren Gott" für sich in Anspruch nehmen. Dass Gott ist, was ist – lässt sich so erklären:

So wie die Welt, die Naturerscheinungen und die Menschen sind, ob „gut" oder „böse", das ist Gott. Es gibt nur Gott und wir können Gott nur erfahren, wenn wir die Welt und das Leben mit all seinen Sonnen- und Schatten-Seiten so annehmen und lieben wie sie sind.

Lehnen wir uns auf gegen das, was ist, so leugnen wir das Sein. Wir leugnen Gott. Zudem ist es dumm und unvernünftig sich gegen „das, was ist" aufzulehnen, sich zu ärgern und zu sorgen. Damit schaden wir nur uns selbst und es ändert nichts am So-Sein, wie es ist.

Zufriedenheit mit dem, was ist, darin liegt der Schlüssel zur Befreiung. Zufriedenheit bedeutet Nichts zu begehren und stattdessen dankbar zu sein für die großartigen Geschenke des Lebens.

Der Zufriedene nimmt an was ist und leistet innerlich keinen Widerstand gegen das, was ihm nicht gefällt. Er ist befreit von dualen Bewertungen in Richtung „Gut" und „Böse". Er ist frei von Ärger, Groll und Zorn. Er verharrt jedoch nicht in Passivität. Wenn eine Situation eine sinnvolle Handlung erfordert, so erbringt er diese ohne Emotion.

Mit dieser Einstellung wird sein Geist friedvoll. Die Gedanken hören auf im Kopf herum zu kreisen, denn er hat keine Sorgen und Ängste die Zukunft betreffend. Er erwartet nichts und kann nicht enttäuscht werden. Diese Seelenruhe öffnet das Herz für die Liebe, die Schönheit, die Weisheit, die Freiheit und die Vollkommenheit des Selbst. Auf diese Weise wird er, wie Vers *4:22* erklärt, durch seine Handlungen nicht gebunden.

Befreiung vom Karma

Vers *4:33* bestätigt, dass selbstloses Handeln, Handeln aus einem Zustand der Zufriedenheit ohne Begehren, das Tor zum höchsten Wissen öffnet.

Zwei der schönsten Verse voller Weisheit und Trost findet der Leser in *4:36-37*. Danach löst sich das Karma, verursacht durch all unsere vergangenen Torheiten auf, wenn wir mit dem „Schiff der Weisheit das Meer vergangener Übel" überqueren.

Der zeitlose Krishna

4:1-3 Krishna: Ich offenbarte den unvergänglichen Yoga dem Vivasvat. Dieser gab ihn weiter an Manu, welcher sodann Ikshvaku unterrichtete. Die Lehre wurde von großen Meistern immer weiter gegeben bis sie schließlich im Laufe der Zeit verloren ging.

Dieser uralte Yoga wird dir heute von mir kundgetan, denn du bist mein ergebener Schüler und Freund.

4:4 Arjuna: Du bist später geboren als Vivasvat. Wie kann ich verstehen, dass du ihm die Lehre vor ewig langer Zeit verkündest hast?

4:5 Krishna: Du und ich sind durch viele Geburten gegangen, Arjuna. Ich kenne sie alle, aber du kennst sie nicht.

4:6 Mein wahres Wesen ist ungeboren und unveränderlich. Ich bin der Herr, der in allen Geschöpfen wohnt. Durch meine Macht manifestiere ich mich in unzähligen, vergänglichen Formen.

Krishna, wie ihn die Gita schildert, hat sich aus eigenem Willen verkörpert. Hingegen werden unwissende Menschen, solange sie in die Welt der Erscheinungen verstrickt sind, durch die Kraft der Natur (Sanskrit: Prakriti) unfreiwillig immer wieder aufs Neue geboren.

4:7 Jedes Mal, wenn der Dharma verfällt und der Zweck des Lebens in Vergessenheit gerät, manifestiere ich mich in besonderen Persönlichkeiten auf Erden.

4:8 Ich werde in ihnen geboren, um die Guten zu beschützen, das Böse zu vernichten und den Dharma wieder herzustellen.

Unter „Dharma" ist hier das Wissen um die geistigen Gesetze zu verstehen.

Das göttliche Selbst erkennen

4:9 Wer meine göttliche Natur und mein Wirken erkennt, wird nach seinem körperlichen Tod nicht wieder geboren.

4:10 Erlöst von selbstsüchtiger Anhaftung, Angst und Zorn, erfüllt von mir, sich mir ergebend, gereinigt vom Feuer meines Wesens, haben viele den Zustand der Einheit mit mir erreicht.

4:11 So wie sie zu mir kommen, nehme ich sie in meine Liebe auf. Alle Wege führen zu mir.

Durch die Aufgabe aller Eigenheiten des Ego, erlangt der Mensch die Einheit mit der universellen Gottheit. Zugleich verwirklicht er damit sein Selbst (seine eigene Göttlichkeit).

Ungebunden vom eigenen Handeln bleiben

4:14 Ich verliere mich nicht in meine Handlungen und hafte nicht an ihren Früchten. Wer dies versteht und sich ebenso verhält, bleibt ungebunden.

Der Weise tut was zu tun ist. Er wirkt weder zu viel noch zu wenig. Er bleibt dabei immer der gelassene Zuschauer und identifiziert sich nicht mit den Aktivitäten seines Körpers und seines Mentals.

4:16 Was ist Handeln und was ist Nicht-Handeln? Selbst weit Fortgeschrittene wurden durch diese Frage verwirrt.

4:17 Es gilt zu verstehen, was Handeln ist und was Nichthandeln und was falsches Handeln ist.

4:18 Wer Handeln im Nicht-Handeln und Nicht-Handeln im Handeln verwirklicht, der verweilt unbeschwert im Selbst.

51

„Handeln im Nicht-Handeln und Nicht-Handeln im Handeln"
ist ein kluges Wortspiel. Gemeint ist damit, dass derjenige
der selbstlos seine Aufgaben verrichtet, durch sein Handeln
kein Karma verursacht. Indem er nicht selbstbezogen um den
Erfolg seiner Handlungen besorgt ist, sondern das Ergebnis
seines Wirkens dem Willen der Gottheit überlässt, treffen ihn
keine Folgen seines Tuns. Immer zufrieden erfüllt er heiter
und gelassen seine Aufgaben.

> *4:19 Weise sind diejenigen, die ohne egoistische Motive
> handeln. All ihr Begehren und damit auch ihr Karma
> werden im Feuer der Erkenntnis verbrannt.*
>
> *4:20 Immer zufrieden, frei von Erwartungen sind sie in
> ihrem Wohlbefinden nicht abhängig von den Früchten
> ihres Wirkens. Sie handeln nicht, obwohl sie tätig sind.*
>
> *4:21 Weil sie nicht von Wünschen getrieben sind, beherr-
> schen sie ihr Denken, Fühlen und Wollen. Sie begehren
> nicht nach Besitz. So laden sie durch ihr Tun kein Kar-
> ma auf sich.*

Gott-Bewusstsein

> *4:22 Der lebt in Freiheit, der zufrieden ist mit dem, was
> ihm das Schicksal bringt. Wer über duale Gegensätze
> erhaben ist (Lust und Leid), wer nichts begehrt und wer
> im Erfolg und Misserfolg derselbe bleibt, wird von sei-
> nen Handlungen nicht gebunden.*
>
> *4:23 Wer an keinen Erscheinungen haftet, fest im Selbst
> gegründet ist und seine Handlungen der Gottheit weiht,
> der handelt ohne karmische Folgen.*
>
> *4:24 Der Befreite lässt Gott durch sich wirken. Was im-
> mer er tut, für ihn ist es Brahman der handelt. Stets fühlt
> er sich im Einklang mit Brahman und wird so Brahman
> erlangen.*

Wer erkennt, dass alle Erscheinungen „vergänglich" und daher „unwirklich" sind *(siehe 2:16)* bleibt gelassen, erfüllt seine Pflichten und hängt nicht mehr an Erfolg und Misserfolg.

Weisheit das höchste Ziel

4:33 Das Opfer der Hingabe an Erkenntnis ist wertvoller als jedes andere Opfer. Denn das Ziel allen Wirkens ist die Erlangung von höchster Weisheit.

4:34 Lerne durch Befragen jener, die Befreiung erlangt haben. Nähere dich ihnen mit Ehrerbietung und Bescheidenheit. Sie werden dir gerne ihre Weisheit lehren.

4:35 Dann wirst du nicht mehr verwirrt sein, sondern alle Wesen im Selbst erkennen und das Selbst mit mir vereinigt schauen.

Selbstloses Wirken ist die Grundlage für Erkenntnis und Erkenntnis ist das Tor zur Befreiung der Seele.

Schuld und Karma verbrennen

4:36 Wärst du auch der größte Sünder, Arjuna, so wirst du doch mit dem Schiff der Weisheit das Meer vergangener Übel sicher überqueren.

4:37 Wie das Feuer alles Holz in Asche verwandelt, so verbrennt das Feuer der Erkenntnis alles Karma.

Das ist die beglückende und erlösende Botschaft der Gita: Alles Karma endet sobald höchste Erkenntnis erlangt wird.

Die Sinne beherrschen

4:39 Wer sich in die Lehre vertieft und seine Sinne beherrschen lernt, der gelangt rasch zur Erkenntnis. Sodann erreicht er den höchsten Frieden.

4:40 Aber die Unwissenden, die nicht vertrauen, die ständig zweifeln, versäumen ihr Leben. Für unwissende und ungläubige Menschen gibt es weder in dieser Welt noch in der jenseitigen Glückseligkeit.

Unter „Glaube" wird in der Gita nicht blindes Vertrauen verstanden. Glaube bedeutet Erkenntnis durch Einsicht in die Dimension jenseits des analytischen Verstandes.

4:41 Wer alle Zweifel durch Erkenntnis aufgelöst hat und mit dem Selbst vereinigt ist, der wird durch seine Werke nicht gebunden.

Kap.5 – Entsagung und Yoga der Werke

Karma-Yoga oder Sannyasa

Zum Beginn dieses Kapitels stellt Arjuna, ähnlich wie am Beginn des Kap. 3 die Frage ob das selbstlose Ausführen von Werken (Karma-Yoga) oder Entsagung (Sannyasa) – im Sinne von Verzicht auf das Vollbringen von Werken – der bessere Weg für spirituelle Entwicklung sei. Dieses Thema wird in der Gita wiederholt angesprochen. Offenbar gab es zur Zeit des Entstehens der Gita einander widersprechende Lehren zu dieser Frage.

In 5:2 wird erklärt, dass sowohl der Weg des Handelns als auch der Weg der Entsagung (Verzicht auf tatkräftiges Wirken in der Welt) zur Befreiung führen. Doch der Yoga des Wirkens wird als der bessere Weg bezeichnet. Kurz darauf erklärt Krishna, dass nur der Unwissende zwischen Werk-Verzicht und selbstlosem Handeln unterscheide.

Wie schon im Kap. 3 erwähnt, versteht man in der indischen Kultur unter einem „Entsagenden" (Sannyasin) traditionell einen Sucher, der sich von allem weltlichen Wirken abwendet, um Befreiung und Selbstverwirklichung zu erlangen. Er geht in die „Hauslosigkeit", lebt von milden Gaben und widmet sich vorwiegend dem spirituellem Studium und der Einkehr bei sich selbst.

Es hat den Anschein als ob die Gita die widerstreitenden Lehren ihrer Zeit zum Thema „Selbstlos handeln" oder „Verzicht auf Handeln" miteinander versöhnen wollte. Im Geiste der Gita ist es nicht der richtige Weg sich von der Gesellschaft zurück zu ziehen und allen weltlichen Handlungen zu entsagen. Es sei viel besser die Aufgaben, die das Leben heranträgt, selbstlos zu erfüllen. „Entsagung" bedeutet daher unter Verzicht auf die Ego-Wünsche im Einklang mit dem universellen Bewusstsein zu wirken.

Uneigennütziges Handeln ist eine Voraussetzung für spirituelle Entwicklung. Selbstloses Handeln und Erkenntnis bedingen sich gegenseitig. Wer selbstlos dient, der löst sich von den Verirrungen seines Egos. Umgekehrt endet egoistisches Handeln wie von selbst, wenn wir das Unvergängliche von dem unterscheiden, was eitel, bedeutungslos und vergänglich ist.

Der Weise handelt nicht für seine „Person", sondern wirkt in Harmonie mit dem göttlichen Willen, der zugleich sein eigener ist.

Nicht-Identifikation

In den Versen 5:6-9 wird auf das Erfordernis der Gedanken-Beherrschung und der Nicht-Identifikation mit dem Körper hingewiesen. Wer die Vorgänge in seinem Körper und seinem Mental mit innerem Abstand beobachtet, der befindet sich auf dem richtigen Weg zu sich selbst.

Rechte Erkenntnis und Gelassenheit, wie in den Versen 5:15 ff. beschrieben, befreien den Menschen von seiner Abhängigkeit gegenüber der Welt. Er findet das Glück, die Freude und das Licht in sich und er gelangt damit zur Seligkeit Gottes (Brahma-Nirvana).

Verzicht auf die Freuden des Lebens?

Manche Menschen, die sich am Beginn ihrer spirituellen Schulung befinden, haben die Sorge, auf diesem Weg, durch das Bemühen um Gelassenheit, inneren Frieden und Verzicht auf die Wünsche des Egos, ihre Freude am Leben zu verlieren. Sie befürchten auf intensive Gefühle und auf ihre bisherigen großen Leidenschaften verzichten zu müssen.

Doch diesbezüglich kann vorweg Entwarnung gegeben werden. Auf dem richtigen Weg der Selbstverwirklichung verliert die Seele nicht den gesunden Bezug zur Außenwelt. Doch ihr Verhältnis zu dieser Welt wird ein anderes. „Leiden-Schaften", die

Lust und Leiden verschaffen, verwandeln sich in wahre Liebe und Hingabe verbunden mit ruhigen, tiefen Glücksgefühlen. Diese sind mit den sonst üblichen oberflächlichen, kurz aufflackernden Ego-Freuden nicht zu vergleichen.

Wer den sicheren Weg zur Befreiung geht, wie er in der Gita beschrieben wird, und sich nicht auf pseudo-esoterische Irrwege und Praktiken einlässt, behält sicheren Boden unter den Füßen. Schritt für Schritt geht er mit höchster Geistes-Klarheit seinen Weg. Er lässt sich nicht auf Spekulationen ein. Er „glaubt" nur das, was er in seinem Innersten erkannt hat. Alle Lehren dienen ihm nur als Anregung dazu, die eigene Wahrheit in sich zu finden.

Der kluge Geistesschüler wird nach wie vor auch die vergänglichen Freuden genießen, doch er ist nicht abhängig von ihnen. Er erfreut sich an ihnen, doch ist er sich zugleich ihrer Vergänglichkeit bewusst. Bei allem was er tut und erfährt bleibt er mit seinem Inneren (Atman) verbunden. Er befindet sich, so gut er es vermag, unabhängig vom äußeren Geschehen stets in einem heiteren, gelösten Seelenzustand. So vermag er gelassen, ohne Ängste und Sorgen, beim göttlichen Spiel der Maya dabei zu sein.

5:1 Arjuna: Du lehrst den Verzicht auf Werke (Sannyasa) und empfiehlst auf der anderen Seite den Yoga des Wirkens. Sage mir welcher der beiden ist der bessere Weg.

5:2 Krishna: Beide Wege dienen zur Erlösung. Doch von diesen beiden steht der Yoga des Wirkens auf einer höheren Stufe.

5:3 Nur der gilt als ein wahrhaft Entsagender, der weder von Begehren noch von Ablehnung bestimmt wird. Über den Gegensätzen stehend ist sein Geist frei von den Bindungen der Welt.

5:4 Unwissende reden von Entsagung und Tun als voneinander getrennten Wegen, nicht so der Weise. Wer sich dem einen hingibt, erlangt die Frucht von beiden.

5:5 Derjenige sieht die Wahrheit, der erkennt, dass Entsagung und Handeln Eins sind. Beides führt zum Ziel.

In den vorangehenden Versen wird keinem der beiden Yoga-Wegen der Vorzug erteilt. Sie ergänzen sich gegenseitig und beide führen zum Ziel der Befreiung.

5:6 Schwer ist Vollendung ohne den Yoga des Wirkens zu erreichen. Der Weise aber, der selbstlos handelt, gelangt alsbald zu Brahman.

5:7 Jene, die Herr ihrer Sinne und Gedanken sind, die das Göttliche in allen Wesen erkennen, sie werden durch ihre Werke nicht berührt.

5:8 Mit dem universellen Bewusstsein vereint, sind sie sich stets bewusst: „Ich bin nicht der Handelnde!"

5:9 Wenn ein solcher Mensch sieht, hört, riecht, geht, schläft und atmet, wenn er spricht, sich bewegt, so weiß er wohl: Es ist nur die im Körper wirkende Natur die sich mit den Sinnesobjekten beschäftigt.

Das Problem" Tun oder Nicht-Tun", wie von Arjuna im Vers *5:1* angesprochen, relativiert sich, wenn erkannt wird, dass es nicht der eigentliche Mensch (Atman) ist, der handelt, sondern, dass alles Wirken vom Ego, von dem, was wir nicht sind, ausgeht. Dieses Ego wird von den Kräften der niederen Natur Gottes beherrscht.

Unberührt wie ein Lotusblatt

5:10 Wer nicht an Sinnesdingen haftet und in all seinem Tun mit dem Selbst verbunden ist, gleicht dem Blatt eines Lotus, das stets sauber und unberührt bleibt.

5:11 *Der Yogi erfüllt seine Pflichten ohne Anhaften. All sein Tun dient der Läuterung seiner Seele.*

5:12 *Wer nicht an den Früchten seiner Handlungen hängt, erlangt anhaltenden Frieden. Doch wer mit dem Göttlichen nicht verbunden ist, bleibt der Sklave seiner Begierden.*

Erkenntnis befreit

5:15 *Das Selbst ist nicht beteiligt an guten oder bösen Taten. Doch diese Tatsache wird durch Unwissenheit verhüllt. So entsteht die Verwirrung im Menschen.*

5:16 *Wie die Sonne die Dinge erstrahlen lässt, so wird durch die Erkenntnis des Selbst im eigenen Inneren, die Wahrheit enthüllt.*

5:17 *Wer durch Erkenntnis von allem Karma befreit ist und das Höchste zu seinem alleinigem Ziel erkoren hat, geht dorthin wo keine Rückkehr auf die Erde erfolgen muss.*

5:18 *Ein solcher erkennt in allen Wesen das göttliche Selbst.*

Gleichmut und Gelassenheit

5:19 *Diejenigen, die in Gleichmut verankert sind, haben das duale Auf und Ab der Welt überwunden. Sie ruhen in Gott der vollkommen und in Allem derselbe ist.*

5:20 *Wer gelassen bleibt, wenn er Geliebtes erreicht und nicht traurig wird, wenn sich Unliebsames ereignet; wer in der Weisheit verankert ist, ruht im göttlichen Bewusstsein.*

Gleichmut gegenüber Geliebten und Ungeliebten lässt die Seele über duale Abhängigkeiten hinaus gehen. Das Spiel der Naturkräfte (Maya) wird durchschaut und so gewinnt der Mensch Unabhängigkeit von äußeren Ereignissen.

> *5:21 Er ist nicht mehr abhängig von äußeren Ereignissen, sondern genießt die unvergängliche Freude in seinem Innersten.*
>
> *5:22 Alle Freuden die aus den Sinnesobjekten hervorgehen, sind zugleich die Ursache von Leiden. Sie haben einen Anfang und ein Ende. Deshalb sollst du, Arjuna, nicht an ihnen hängen.*

Das Licht in sich finden

> *5:23 Wer der Macht der Dinge nicht ausgeliefert ist und von Begierde und Zorn nicht berührt wird, der ist ein wahrer Yogi und lebt glücklich in dieser Welt.*
>
> *5:24 Er findet das Glück, die Freude und das Licht in sich und er gelangt damit zur Seligkeit Gottes (Brahma-Nirvana).*
>
> *5:27-28 Der Weise, der seine Gedanken, Gefühle und sein Wollen beherrscht, der seinen Atem harmonisiert, sich von Begierde, Furcht und Zorn gelöst hat und sich auf sein inneres Selbst konzentriert, der ist für immer befreit.*
>
> *5:29 Ich (Krishna, das Selbst) bin es, der alle Entsagung und alle Werke mit Freude annimmt. Wer mich als den Herrn aller Welten und Freund aller Wesen erkannt hat, der erlangt ewigen Friede*

Kap. 6 – Geistbeherrschung und Meditation (Raja-Yoga)

Alles Glück kommt aus dem Seelengrund

In diesem Kapitel geht es vorwiegend um die Zähmung des Geistes. Eine achtsame Beobachtung unserer Gedanken und Gefühle ist erforderlich um Stille und Frieden zu erreichen. Solange unser Mental von Erwartungen und Begehren beherrscht wird, solange wir uns ärgern und uns Sorgen machen, kann die Glückseligkeit des Selbst nicht erfahren werden.

Sich um etwas in der Welt Sorgen zu machen ist Leiden. Sich für die Vollkommenheit der Welt zu öffnen und mit ihr im Einklang zu sein ist Glückseligkeit.

Entgegen der Meinung der meisten Menschen kommt Glücklich-Sein nicht durch günstige äußere Umstände zustande, sondern durch Öffnung der Seele für die Glückseligkeit in unserem Wesensgrund.

Wir sollten nicht Ursache und Wirkung verwechseln. Alle Schönheit kommt aus dem Auge des Betrachters und wird sodann in äußere Gegenstände hineinprojiziert. In den Dingen und Ereignissen die wir lieben, spiegelt sich die Liebe unseres göttlichen Seelengrundes (Atman). Somit stammt alles Glück dieser Erde nicht von äußeren Dingen und Ereignissen, sondern aus unserem Innersten.

Die schöpferische Kraft des Denkens

Wie der universelle Geist hat auch der individuelle „Geist" des Menschen schöpferische Kraft. Alles, was wir denken und glauben, ob positiv oder negativ, mutig oder angstvoll, kreativ oder zerstörend, hat eine mächtige Tendenz sich in unserem Leben zu verwirklichen. Die „Gesetze" *(Gunas – siehe Kap. 14)* sorgen dafür, dass unsere Gedanken sich in der äußeren Welt manifestieren. Auf diese Weise erschafft jeder Mensch „seine besondere Welt", seinen Körper, sein Umfeld, sein Karma. Fast jeder kennt den Lehrsatz „Gedanken sind Kräfte", doch kaum jemand kümmert sich um die damit verbundenen Konsequenzen. Wenn der Mensch sich der Schöpferkraft seiner Gedanken bewusst wäre, so würde er sorgfältiger darauf achten, was die ständig in seinem Gehirn plappernden Gedanken aufführen. Auf diese Art wäre es für ihn ein Einfaches Sorgen, Leid und Unheil zu vermeiden.

Die Befreiung vom Zwang der Gedanken

All unsere Sorgen und Schwierigkeiten entstehen durch unkontrollierte Gedanken. Sie entspringen aus Denkmustern die uns von den Eltern, von Lehrern, Vorbildern, Medien und sonstigen Personen der Gesellschaft anerzogen wurden. Um Befreiung von diesem automatischen, zwanghaften Denken zu erlangen muss der Mensch lernen die Vorgänge in seinem Mental zu beobachten und sich ihrer dadurch bewusst zu werden. Sodann eröffnet sich die Möglichkeit unabhängig von angelernten Mustern, vom eigenen Wesenskern (Atman) ausgehend, in Harmonie mit dem universellen Bewusstsein zu denken, zu fühlen und zu handeln.

Dabei geht es nicht darum unsere bisherige Denkart zu verurteilen oder zu unterdrücken. Durch liebevolles und höchst achtsames Beobachten unserer gewohnten Denk-Muster und der mit ihnen verbundenen Gefühle, lösen sich diese wie von selbst auf und wir öffnen uns für die Weisheit und Liebe, die aus unserem Herzen kommen.

Der Weg zur Befreiung beginnt also damit, dass wir zum achtsamen „Zuschauer" der Spiele der in uns wirkenden Natur-Kräfte (Gunas) werden. Wir beenden auf diese Weise die Identifikation mit unserem Körper, mit unseren Gedanken und Gefühlen, mit unserer Umgebung, mit unserem Schicksal. Wir stecken nicht mehr mitten drin in dem, was im Außen und in unserem Mental vor sich geht, sondern wir werden zum „reinen Beobachter". Wir begehren nichts, wir akzeptieren alles, so wie es ist. Wir lieben das Sein so wie es ist und tun das, was zu tun ist, was der Augenblick von uns erfordert.

Stirbt auf diese Weise unser Ego, kann das aufleuchten, was wir wirklich sind, der „Atman", der unsterbliche, mit Worten nicht beschreibbare Seelengrund. Dann sind wir Eins mit „Sat, Chit, Ananda" (Sein, Bewusstsein und Glückseligkeit), mit welchen Worten in den altindischen Schriften die an sich attributlose, allumfassende Gottheit „Brahman" umschrieben wird.

Über Selbsterkenntnis zur Eins gelangen

Die Innenschau, die Beobachtung unserer Gedanken und Gefühle, bildet die Basis für Selbst- und Welt-Erkenntnis. Durch die Innenschau erkennen wir das meist verrückte Treiben unserer Ego-Denkgewohnheiten. Lassen wir vom Ego los, wird innere Stille ermöglicht. Innere Stille ermöglicht Meditation. Meditation verbindet uns mit der „Eins". So dreht sich in unserem Bewusstsein die Spirale von Erkenntnis, Zufriedenheit, Dankbarkeit, liebevollem Dienen und Meditation immer weiter und rascher nach oben. So verwirklichen wir immer tiefer gehend das Ziel aller Ziele, die „Geburt der Gottheit" in uns.

Das Wesen der Meditation

Viele der Menschen die sich auf den Yoga-Pfad begeben, denken Meditation bestünde darin, ruhig zu sitzen und aufkommende Gedanken zu verhindern. Das artet üblicher Weise eher in Kampf und Frust aus als die erhofften Wirkungen zu erzielen.

Meditation bezeichnet einen Seelenzustand bei dem wir uns im Frieden und in der Harmonie mit dem Sein befinden. Der wahrhaft „Meditierende" achtet darauf diesen Zustand den ganzen Tag über im Hintergrund seines Bewusstseins aufrecht zu erhalten.

Gesonderte Augenblicke, in denen wir Sinneswahrnehmungen ausschalten, wie in den Versen *6:11 bis 6:15* beschrieben, dienen dazu Konzentration und Beobachtung der mentalen inneren Vorgänge ohne Ablenkung von äußeren Geschehnissen zu üben.

Aufgabe des Ego-Willens und selbstloses Dienen sind Voraussetzungen um erfolgreich den Pfad der Meditation zu gehen. In der Meditation schweigen die rastlosen Gedanken, die mit unseren Wünschen und Sorgen verbunden sind. Meditation bedeutet stille werden und so einen entsprechenden Raum für die Offenbarung des Selbst zu schaffen.

Das Schicksal jener, die nicht Verwirklichung erreichen

Zum Schluss des Kapitels macht sich Arjuna Gedanken darüber, welches Schicksal jene erwartet, die sich zwar um Verwirklichung bemühen, die jedoch dieses Ziel in der gegenwärtigen Inkarnation nicht erreichen. Krishna erklärt, dass diejenigen, die sich ernsthaft bemühen, dank eines guten Karma im nächsten Leben in eine Familie hinein geboren werden, wo sie ideale Bedingungen für die Fortsetzung ihres spirituellen Weges vorfinden.

Selbstloses Dienen

6:1-2 Wer selbstlos seine Pflicht erfüllt ohne dafür etwas zu begehren, der ist ein Entsagender (Sannyasin). Niemand erreicht das Ziel, der nicht seinen selbstsüchtigen Wünschen entsagt.

6:3 Um Yoga (Klarheit des Geistes) zu erreichen ist selbstloses Dienen erforderlich. Ist Yoga erreicht, so kannst du den Pfad der Meditation, den Pfad der Stille und des Friedens beschreiten.

6:4 Nur wer nicht mehr an Sinnesdingen oder an den Früchten seines Wirkens hängt, kann vollkommenen Yoga erreichen.

Im Vers 6:3 wird Karma-Yoga (selbstloses Dienen) als Grundlage für den Weg der Meditation angesprochen. Erst wenn die Seele gereinigt ist von den Wünschen des Ego, kann tiefe Versenkung in die Meditation erfolgreich sein.

Dein Mental – dein größter Freund und Feind

6:5 Der Mensch kann sich durch sein göttliches Selbst befreien. Sein Geist (Mental) ist dabei sein größter Freund und zugleich sein ärgster Feind.

6:6 Der Geist (niederes Selbst, Mental) wird für den zum Freund, der ihn durch sein Selbst beherrschen kann. Ist jemand nicht im Besitz des höheren Selbst, dann macht sein Geist, was er will. So werden die Kräfte seines Mentals zu seinem größten Feind.

Unsere vordringliche Aufgabe besteht darin, die Seele (Jiva) von den egoistischen Tendenzen zu befreien. Erst dadurch wird es möglich mit dem eigenen Wesenskern (Atman) Eins zu werden.

6:7 Wer sein niederes Selbst bezwungen hat und zur inneren Stille gelangt ist, dessen niederes Selbst (Mental) mit dem höheren vollkommen verbunden ist, der bleibt gelassen und ausgeglichen bei Kälte und Hitze, Freude und Schmerz, bei Ehre und Schmach.

6:8 Wer Herr seiner Sinne (seines niederen Selbst) ist und sein Glück in der Erkenntnis des Göttlichen gefunden hat, dem bedeuten ein Erdklumpen, ein Stein oder ein Stück Gold gleich viel und wenig.

6:9 Er ist gleich gesinnt gegenüber allen Menschen, ob es Freunde oder Feinde, Verwandte oder Fremde, Erleuchtete oder Unwissende sind.

Yoga der Meditation

> *6:10 Wer Yoga (Befreiung, Verbindung mit dem Höchsten) anstrebt, sollte äußere und innere Stille verwirklichen und in seinem Geist stets mit dem Selbst verbunden sein. Dabei ist er frei von Erwartungen, Anhaften und Besitzstreben.*
>
> *6:11-15 Für die Übung der Meditation suche einen ruhigen Ort und richte dort einen bequemen Sitz ein. Lasse dich dort nieder. Halte deinen Körper, deinen Hals und Kopf dabei aufrecht und unbeweglich. Verweile vorerst mit deinem Geist bei einem Punkt deines Körpers. Beobachte und Bezähme deine Gedanken und Gefühle. Schließlich richte furchtlos und heiter deinen Geist auf dein höheres Selbst. So erlangst du Frieden und gehst in das höchste Nirvana ein.*

Mit schlichten Anleitungen erklärt die Gita wie Meditation praktiziert werden kann. Einige Jahrhunderte später hat Patanjali mit seinen berühmten „Yoga-Sutras" ein ausführliches System der Meditation erstellt. Meditation ist nichts Geheimnisvolles oder Besonders. Es geht vorzüglich darum nichts zu wollen, weder Heiligkeit, noch Erleuchtung, noch sonst etwas. Es genügt sich mit dem gelassenen, liebevollen Beobachter in uns zu verbinden. Alles Weitere ergibt sich von selbst.

Das rechte Maß finden

> *6:16 Wer zu viel oder zu wenig isst, verfehlt den Pfad des Yoga, ebenso derjenige, der zu viel oder zu wenig schläft.*
>
> *6:17 Doch diejenigen die bei Ernährung, Schlafen, Arbeit und Erholung genügsam sind, werden im Yoga von allen Problemen und Leiden befreit.*

Für den Weg der Meditation ist nicht nur mentale Reinheit sondern auch eine möglichst gesunde Lebensführung erforderlich.

6:18 Wenn der Geist frei ist von Verlangen und zwanghaften Gedanken, vermag er fest im Selbst zu ruhen.

6:19 Ruhig und friedvoll, wie ein Licht an einem windstillen Ort, so verweilt ein Yogi, der seinen Geist beherrscht, in der Verbindung mit dem höchsten Selbst.

6:20 Yoga bedeutet die Befreiung von Gedanken. In tiefer Versenkung wird das Selbst vom Selbst geschaut. Die Seele empfindet dabei höchstes, sinnenfreies Glück.

6:21 Die Seele, die so in sich das höchste Glück jenseits von Sinneserfahrungen erfährt, bleibt stets in spiritueller Wahrheit gegründet.

6:22 Wer diesen höchsten Gewinn erreicht, weicht davon nicht mehr ab. Verankert im Selbst, wird er sogar durch schwerstes Leid nicht mehr erschüttert.

Das Selbst in allen Wesen

6:29 Der Yogi sieht das Selbst in allen Wesen und jedes Wesen im Selbst. Für ihn ist alles Sein von göttlicher Liebe und Weisheit durchdrungen.

6:30 Wer mich (Krishna) überall sieht und alles in mir sieht, den verlasse ich nicht und er bleibt stets mit mir verbunden.

6:31 Der Yogi, der die Einheit erkannt hat, und mich in allen Wesen verehrt, verliert mich niemals aus seinem Bewusstsein.

Geisteskontrolle

> *6:34 Arjuna: Der Geist ist ruhelos, schwankend, stürmisch und nicht zu bändigen. Ihn zu bezwingen erscheint mir schwieriger als den Wind einzufangen.*
>
> *6:35 Krishna: Ohne Zweifel ist der ruhelose Geist schwer zu zügeln. Doch wer nicht an sinnlichen Dingen anhaftet und beständig übt, der erreicht das Ziel.*

Krishna empfiehlt das Anhaften an sinnlichen Dingen zu beenden und ständig die Zügelung des Geistes zu üben. Diese Übung erfolgt am besten durch stete Beobachtung unserer Seelenregungen (Denken, Fühlen, Wollen). So gewinnt der Mensch Abstand von Ihnen. Dadurch wird es ihm möglich die zwanghaften Spiele seines Egos zu durchschauen.

Niemand der sich bemüht wird verderben

> *6:37 Arjuna: Wie geht es jenen, die in diesem Leben sich um Verwirklichung bemühen, die sich jedoch nicht beherrschen können und in der Hingabe keine Vollkommenheit erreichen?*
>
> *6:38 Geht ein solcher zugrunde, wie eine Wolke, die vom Winde zerfetzt wird? Denn er findet nicht den rechten Pfad und findet sich weder in dieser Welt der Erscheinungen zurecht, noch erlangt er Vereinigung mit Brahman.*
>
> *6:40-42 Krisna: Er geht nicht zugrunde, weder in dieser Welt noch in der jenseitigen. Denn niemand, der sich bemüht, wird verderben. Er wird nachdem er in den Himmel der Rechtschaffenen gelangt ist, wieder im Hause guter und glücklicher Menschen geboren. Oder er kommt in der Familie mit weisen und gottergebenen*

Eltern wieder zur Welt. Allerdings ist es schwer so eine besondere Geburt zu erlangen.

6:43 Im Hause seiner Wiedergeburt gelangt er wieder zu der Bewusstseinsstufe, die er im letzten Leben erworben hat. Nun kann er weiter streben auf dem Wege zur Vollkommenheit.

Je stärker die Bereitschaft zur Selbstverwirklichung im gegenwärtigen Leben ist, desto bessere Voraussetzungen zur Befreiung im nächsten Leben werden geschaffen.

Spirituelles Bemühen gleicht allerdings stets einer Gradwanderung zwischen der Gefahr des selbstsüchtigen Wollens auf der einen Seite und mangelnder Ernsthaftigkeit auf der andern.

Kap. 7 – Die niedere und höhere Natur Gottes

Viele sind berufen, wenige sind auserwählt

Krishna erklärt zu Beginn dieses Kapitels, dass unter tausenden Menschen nur wenige nach Verwirklichung ihres Gott-Seins streben. Unter diesen ist es wiederum nur eine Minderheit, die dieses Ziel erreicht.

Auch Jesus lehrte: „Viele sind berufen, doch nur wenige sind auserwählt." Und er bringt dazu das Gleichnis von einer Hochzeit (Vermählung mit dem „Himmelreich" – mit dem Selbst) zu der viele Menschen eingeladen sind. Doch keiner von den vorgesehenen Gästen ist bereit zu kommen. So lässt der Vater des Bräutigams „gute und böse Leute" von der Straße zur Hochzeit kommen. Doch da war einer dabei, der sich weigerte sich festlich zu kleiden (seinen Beitrag durch Streben nach Erkenntnis und Aufgabe seines Egos zu erbringen). Deshalb wurde er von den Dienern des Braut-Vaters gefesselt und in die Finsternis geworfen. Das heißt, er bleibt weiter gefangen in seiner Unwissenheit und muss karmische Leiden ertragen *(siehe Mat. 22, 1-11)*.

Offenkundig ist es nur eine verschwindende Anzahl von Menschen, die bereit ist der Einladung ihres Herzens zur Verbindung mit dem Selbst zu folgen. Es gibt wohl manche die Interesse an tiefer Selbst- und Welterkenntnis haben, doch nur spärlich ist die Zahl derer, die bereit sind mit der nötigen Ernsthaftigkeit und Hingabe das Ziel der Ziele zu verwirklichen.

Die zwei Naturen der Gottheit

In diesem Kapitel werden die zwei Naturen der Gottheit näher untersucht. Aus der einen, auch als „niedere Natur Gottes" (Prakriti) bezeichnet, gehen alle Dinge und Wesen des Universums hervor. Die höhere Natur Gottes (Purusha – identisch mit Atman bzw. Brahman) ist das unmanifestierte göttliche Sein. Es ist das unbeschreibbare, unvergängliche, in sich ruhende, allumfassende Eine.

Die Verse *7:4 ff.* zählen zu den Schlüssel-Stellen in der Gita. Im Vers *7:4* wird erklärt, dass nicht nur die fünf Elemente *„Erde, Wasser, Feuer, Luft, Raum (Akasha)"* aus der Prakriti (niedere Natur Gottes) hervorgegangen sind. Hinzu kommen noch das Mental (Denken, Fühlen, Wollen), die Vernunft (Buddhi) und der Selbstsinn (Ahamkara) des Menschen. Diese acht Grund-Stoffe bilden die Natur der Prakriti. Sie beherrschen die Seele des Menschen, solange er seine höhere Natur (den Atman) nicht verwirklicht.

In der Seele des Menschen spiegeln sich somit die zwei Naturen der Gottheit. Zum einen offenbaren wir mit unserem Körper und dem Mental die niedere Natur Gottes (Prakriti). Zum anderen findet sich, tief in unserer Seele verborgen, unsere höhere göttliche Wesens-Natur, Atman genannt.

In die von Gott geschaffene niedere Natur, das heißt in unseren Körper und unser Mental, wird die Seele des Menschen hineingeboren. Die höhere, göttliche Natur, welche im Seelengrund jedes Menschen vorhanden ist, wartet darauf, dass wir uns mit ihr aus eigener Kraft verbinden. Darin besteht die höchste Lebensaufgabe des Menschen.

Demgemäß unterscheidet Meister Eckehart zweierlei Geburten des Menschen: *„Die leibliche und die geistige."* *„Die eine in die Welt und die andere in die Gottheit."*

Nicht-Identifikation

Die Gottheit offenbart sich in der Vielfalt der Erscheinungen. Doch Krishna (Brahman) betont, dass er sich nicht identisch fühlt mit seinen Schöpfungen. Diese sind vergänglich und haben deshalb nur eine beschränkte, vorübergehende Realität.

Wie sich Gott (Brahman) in seinen Schöpfungen offenbart, so manifestiert sich jeder Mensch in der Gestalt seines Körpers und im Charakter seines Mentals, welche er für seine Inkarnation gewählt hat. Er offenbart sich in der Art wie er denkt und handelt. Doch wie sich die Gottheit nicht mit ihren Schöpfungen identifiziert, so sollte dies auch der Mensch nicht tun.

Der Unwissende glaubt er bestünde aus seinem Körper, seinem Mental und seiner Vernunft. Doch diese gehören zu den vergänglichen, aus der Prakriti stammenden Erscheinungen.

Was wir wirklich sind, kann am ehesten als reines Bewusstsein beschrieben werden. Wir sind die „Bühne" auf der sinnliche und gedankliche Erfahrungen erscheinen und zugleich sind wir der Beobachter dieser Vorgänge.

Durch die Identifikation mit seinem Körper und seinem Mental beschränkt sich der Mensch. Er macht sich zu einem vergänglichen Wesen, welches verzweifelt und vergeblich versucht in vergänglichen äußeren Dingen einen Halt zu finden.

Erst in der totalen Nicht-Identifikation öffnet sich der „Raum" in dem wir unsere Einheit mit der Gottheit (Atman/Brahman) wahrnehmen können. Erst wenn wir „Nichts" sind, kann paradoxer Weise das „sichtbar" werden, was wir wirklich sind.

Die Gunas und die Maya

Im Vers *7:13* werden erstmals die „Gunas" angesprochen. Diese bestimmen die Formen und Eigenschaften aller Erscheinungen. Sie sind der Verursacher der großen Täuschung (Maya), welche für die Menschen mit den Sinnes-Wahrnehmungen einhergeht *(Näheres dazu siehe Kap. 14)*.

Die Göttin Maya gilt im Hinduismus als Sinnbild für die magische Kraft Formen zu schaffen. Ihr entspringt die wunderbare Vielfalt der Welt, wie sie die menschlichen Sinne wahrnehmen. Zugleich verbirgt die Maya den göttlichen Ursprung, die Vollkommenheit und Unvergänglichkeit hinter den Erscheinungen.

Man kann die Maya der Erscheinungen gut mit einer Fata Morgana in der Wüste vergleichen. In den heißen Luftschichten über dem Sandboden spiegelt sich der blaue Himmel. Dadurch kann jemand, der in der Wüste herum irrt, sich einbilden dort Wasser zu finden. Nur wer entsprechende Erkenntnis hat, lässt sich nicht täuschen und wird nicht enttäuscht.

Die Welt, wie der Mensch sie gewöhnlich wahrnimmt, hat eine große Ähnlichkeit mit unserer Traumwelt. Solange wir träumen halten wir die Erlebnisse im Traum für die Wirklichkeit. Erst mit dem Erwachen endet diese Illusion. In gleicher Weise glaubt der „normale" Mensch, dass die Welt, wie sie ihm durch seine duale Denkweise erscheint, die Wahrheit repräsentiert. Erst wenn er „erwacht", wird er sich dieser Illusionen bewusst.

Nur durch Erkenntnis, Hingabe und Liebe kann die Maya überwunden werden *(7:28)*

Der Mensch ist Mitspieler im großen Bühnenstück der „Maya". Durchschaut er nicht die Regeln dieses Spiels so leidet er unter dem Kommen und Vergehen der dualen Geschehnisse.Er erfreut sich für kurze Zeit am Angenehmen und trauert, wenn es vergeht. Er ist enttäuscht, wenn er nicht bekommt was er will und leidet, wenn es nicht das hält, was es versprochen hat.

Wer das Spiel durchschaut und seinen Sinn erkennt, erfreut sich am Spiel um des Spieles Willen, ganz gleich wohin es sich äußerlich entwickelt.

Der Weise identifiziert sich weder mit seinem Körper, noch mit seinem Mental und ebenso wenig mit den Rollen, die das Schicksal ihm zuteilt. Wie Krishna verhält er sich gegenüber allem Geschehen als ein liebevoller und gelassener Zuschauer. Er beobachtet (mitfühlend, aber nicht mitleidend) wie die Menschen von zwanghaften Ego-Gedanken beherrscht werden und welche Handlungen und Folgen daraus resultieren.

Ausrichtung auf Gott

7:1 *Krishna: Höre nun, Arjuna, wie du mich frei von Zweifeln erkennen kannst. Vernimm den Weg des Yoga, den Weg der Ausrichtung des Geistes auf mich.*

7:2 *Ich werde dich Gott- und Menschenerkenntnis lehren. Nach dieser Unterweisung wirst du die Wahrheit erkennen.*

7:3 *Unter vielen Tausend Menschen strebt kaum einer nach Vollendung. Und unter denen, die danach streben, befindet sich fast keiner, der mich wirklich erkennt.*

Die niedere und höhere Natur Gottes

7:4 *Meine niedere Natur, die von mir abgespaltenen acht Energien, setzen sich zusammen aus: Erde, Wasser, Feuer, Luft, Raum, Mental (Denken, Fühlen, Wollen), Vernunft (Buddhi) und Selbst-Sinn (Ahamkara).*

7:5 *Erkenne neben meiner niederen Natur auch meine höhere. Erkenne mein Wesen, welches hinter allen Erscheinungen die tragende Kraft bildet.*

7:6 *Wisse, dass ich der Ursprung und auch das Ende bin von allem, was im Universum erscheint.*

7:7 *Es gibt keine über mir stehende Kraft. Alles in dieser Welt ist an mich geknüpft wie Perlen an einer Schnur.*

Krishna, der Same allen Seins

7:8 *Ich bin der Segen des Wassers, das Licht der Sonne und des Mondes, bin das heilige Om in den Gesängen der Veden. Ich bin der Klang im Äther und bin die besonderen Fähigkeiten der Menschen.*

7:9 Ich bin der Erde Wohlgeruch und die Hitze des Feuers, bin die Lebenskraft in allem Lebendigen und bin die Entsagung der Asketen.

7:10 Wisse Arjuna, ich bin der ewige Same aller Lebewesen, bin der Verstand der Einsichtsvollen und die Herrlichkeit der Mächtigen.

7:11 Ich bin die Kraft der Starken, frei von Habsucht und Begierden.

Krishna beschreibt hier, in ähnlicher Weise wie im Kapitel 10, seine hervorragendsten Eigenschaften in den Erscheinungen der Welt.

7:12 Die Kräfte der Natur, Tugend (Sattva), Leidenschaft (Rajas) und Unwissenheit (Tamas), stammen ebenfalls aus meiner Energie. Sie sind von mir und in mir, doch bin ich bin frei von Ihnen.

Die Maya durchschauen

7:13 Getäuscht von den drei Erscheinungsweisen der Natur (Gunas – Sattva, Rajas, Tamas) können die Menschen mich, der ich über den Erscheinungen stehe und unvergänglich bin, nicht erkennen.

7:14 Diese göttliche Täuschung (Maya) ist schwer zu überwinden. Doch diejenigen, die ernsthaft wahren Yoga vollziehen, können die Maya durchschauen.

Die Gottsucher

7:16 Es gibt vier Arten von Menschen, die bei mir Zuflucht suchen: die Bedrängten, die nach Wahrheit suchen, diejenigen, die vom Guten geleitet werden und die Weisen.

> *7:17 Von diesen ist mir der Weise der Vorzüglichste. Seine Hingabe ist gänzlich auf mich gerichtet. Er schätzt mich über alles und ich ihn ebenso.*
>
> *7:18 Alle die bei mir Zuflucht suchen sind edle Menschen. Doch der Weise hat mich als sein höchstes Ziel erkannt und wohnt in mir.*
>
> *7:19 Nach vielen Leben geht der Weisheitsvolle ein in mich, erkennend, dass ich in allem, was es gibt, gegenwärtig bin. Doch eine solche Seele, Arjuna, ist schwer zu finden.*

Wieder bringt Krishna zum Ausdruck, dass Erlangung von Weisheit zum höchsten Ziel, zur „Eins-Werdung" mit Atman/Brahman führt.

Der Mensch wird beherrscht von dem, was er glaubt

> *7:20 Diejenigen, die auf Grund ihrer Begierden nicht die Wahrheit erkennen, weihen sich niederen Göttern und praktizieren verschiedene Riten.*

Das Denken und Befinden der Menschen wird bestimmt von ihrem Glauben.

Dem Denken des Menschen wohnt eine schöpferische Kraft inne. Wer glaubt, die Welt sei böse und voller Gefahren, der zieht damit negative Erfahrungen magnetisch an sich heran.

Wer niedrige Götter oder Dämonen (Symbole für die egoistischen Kräfte ihn uns, wie Machtgier, Genusssucht, Ärger oder Ängste) verehrt oder sich ihnen ergibt, der wird von ihnen beherrscht. Wer hingegen das Gute und Vollkommene in allen Geschehnissen erkennt, wird das „Reich Gottes" ernten.

> *7:21 Was immer jemand verehrt, ich lasse ihn gewähren und sorge für die Verwirklichung seines Glaubens.*

7:22 Jeder nähert sich dem Objekt seine Hingabe an und erntet die entsprechenden Früchte.

7:23 Doch vorübergehend sind die Früchte, die Menschen von niederer Kenntnis und schwacher Vernunft gewinnen. Jeder gelangt zu dem Gott, den er verehrt. Nur wer sich mir hingibt gelangt zu mir.

In Täuschung geboren

7:24 Menschen mit schwacher Vernunft meinen, ich sei durch die erscheinenden Formen begrenzt. Sie kennen nicht meine wahre Natur, die unvergängliche, alles umfassende Wesensart.

7:25 Durch meine Schöpfungen verhüllt, bin ich für Unerwachte unsichtbar.

7:26 Ich kenne die Vergangenheit, die Gegenwart und weiß was zukünftig kommen wird. Ich erkenne alle Lebewesen, doch mich erkennt man nicht.

Der Mensch hängt am Sinnlich-Vorstellbaren und an seiner gewohnten Art zu denken. Für ihn hat meist nur das Wirklichkeit, was er mit seinen Sinnen wahrnehmen kann. Es fehlt ihm die Kraft der Konzentration und Meditation, um von der vergänglichen Erscheinung zu dem dahinter wirkenden „Unmanifesten" (Transzendenten) vorzudringen.

7:27 Die Menschen sind in Täuschung geboren. Sie sind verblendet von der dualen Denkweise, die ihren Ursprung in Verlangen und Abneigungen hat.

7:28 Jene aber, die ihren Ego-Willen abgelegt haben und sich von ihren dualen Täuschungen befreien, sind in der Lage mich in ihr Bewusstsein aufzunehmen.

7:29 Wer bei mir Zuflucht sucht, wer Befreiung vom Vergänglichen erstrebt, wird das allumfassende Brahman, das allen Erscheinungen zugrunde liegende Selbst und das Wirken des Karma erkennen.

7:30 Wer mich als den Herrn des Alls erkennt, als den Gott aller Götter, der wird in seiner Todesstunde endgültige Einheit mit mir erlangen.

Unsere duale Sichtweise beruht auf unserer Absonderung von der Einheit mit allem Sein. Diese Trennung von der „Eins" ist primär auf unseren Ego-Willen, auf unsere Wünsche und Abneigungen zurück zu führen. Deshalb gilt es die Regungen des Egos achtsam zu beobachten, sie zu erkennen und sich dadurch von ihnen zu befreien.

Kap. 8 – Tod und Wiederkehr

Am Beginn dieses relativ kurzen Kapitels werden verschiedene Sanskrit-Begriffe erörtert. Darauf einzugehen ist für das Verständnis der Essenz der Gita nicht erforderlich. Es werden daher nachstehend nur die wichtigsten Verse mit den Begriffen wie Brahman, Atman und Karma wiedergegeben.

Das Erlöschen des Egos

Alle Wesen sind aus der Schöpferkraft der höchsten Gottheit (Brahman) hervorgegangen. Brahman bildet im Kern jedes Menschen ein Zentrum von Bewusstheit (Atman). Wie schon besprochen besteht die höchste Lebensaufgabe des Menschen darin, mit diesem Zentrum bewusst in Verbindung zu treten und letztlich Eins mit ihm zu werden.

Die Voraussetzung dafür ist die Lösung von den zwanghaften Wünschen und Sorgen des Mentals. Nach alt-indischer Weisheit wird so die befreiende Auslöschung des Egos und damit der Bewusstseins-Zustand von „Nirvana" erreicht. Auf diese Weise kehrt die Seele zurück in die Einheit von der sie sich im Laufe ihrer Evolution getrennt hat. Sie tritt damit ein in den beglückenden Zustand von „Samadhi", der bewussten Verbindung mit dem Selbst.

Jesus vergleicht diesen Vorgang mit der Rückkehr des „verlorenen Sohnes" (Luk 15,11-32). Der verlorene Sohn war „tot" (im dualen Denken gefangen) und ist zum Leben (zu seiner höheren Wesenheit, Atman) zurück gekehrt. Während der zu Hause gebliebene Bruder diesen Bewusstseinswandel (Trennung von der Einheit und die dadurch erst mögliche Verwirklichung seiner individuellen Gottheit) nicht vollzogen hat.

Mit dem Erreichen von Nirvana beendet die Seele den Kreislauf ihrer Wiedergeburten („Samsara"). Weitere Inkarnationen sind nicht erforderlich, denn die Seele hat das Ziel, nämlich die Verwirklichung einer individuellen Gottheit in totaler Verbindung mit der universellen Gottheit erreicht.

Die Zyklen des Universums (Yugas)

In den Versen *8:17-19* wird erläutert, wie das ganze Universum einem periodischen Werden und Vergehen unterworfen ist. Doch jenseits dieses Kommens und Gehens gibt es ein unvergängliches, allumfassendes Sein, symbolisiert durch die höchste Gottheit Brahman.

Nach der hinduistischen Mythologie vollzieht sich das Entstehen und Vergehen des Universums in rhythmischen Zyklen. „Brahma", der Schöpfer-Gott lässt das Universum entstehen. Jeder „Tag des Brahma" soll nach alter indischer Überlieferung 1000 Yugas, das sind viele Millionen Jahre dauern. Über die Dauer eines Yugas gibt es unterschiedliche Angaben. Jedenfalls „stirbt" danach das Universum und es beginnt eine ebenso lange Zeitspanne der „Nichtmanifestation" bis wieder ein neues Weltalter entsteht.

Entsprechend der Überlieferung leben wir derzeit im Kali Yuga (Zeitalter der Göttin Kali, auch „schwarzes Yuga" oder „Yuga des Streites" genannt). Es soll 3102 v. Chr. begonnen haben. In dieser „dunklen" Periode werden die Menschen besonders von den Ego-Kräften wie Gier, Ärger, Hass, Angst und Sorgen beherrscht. Daher ist dieses Zeitalter besonders von Kriegen und geistiger Verwirrung der Menschen gekennzeichnet.

Doch diese Entwicklung sollte jene, die sich bereits auf dem „Pfad des Lichtes" befinden, nicht beunruhigen. Sie kann als Aufruf verstanden werden, ernsthaft, mutig, kraftvoll und zugleich heiter und gelassen, den eingeschlagenen Weg fortzusetzen.

Kümmere dich nicht um „schwarzes" oder „lichtvolles Yuga"! Bleibe dir stets bewusst: „Das Schicksal macht keine Fehler!" Kümmere dich um deine Seele und kehre fleißig vor der eigenen Tür. Alles Weitere überlasse der Weisheit des universellen Bewusstseins.

Der Pfad des Lichts und der Pfad der Dunkelheit

Zum Schluss des Kapitels wird der Pfad des Lichtes beschrieben, welcher sich nach dem Tode demjenigen eröffnet, der Brahman verwirklicht hat. Auf dem Pfad der Dunkelheit müssen jene fortschreiten, welche keine entsprechende Unterscheidungskraft erlangt haben.

Brahman, Atman und Karma

8:1 Arjuna: Ich möchte besser unterscheiden können: Was ist das Brahman? Was ist das Selbst? Und was bedeutet Karma?

8:2 Zudem erkläre mir bitte, wie diejenigen, welche die Herrschaft über sich selbst erlangt haben, zur Stunde ihres Ablebens mit dir vereinigt sein können.

8:3 Krishna: Brahman ist das unvergängliche Höchste, das alles umfassende Sein. Dieses Höchste bildet als Selbst (Atman), den unsterblichen Wesenskern in allen Lebewesen.

Als Karma bezeichnet man die Kraft, die alle Wesen ins Dasein führt und ihr Schicksal bestimmt.

Der Seins-Zustand nach dem Tod

8:5 Wer auch immer, im Zeitpunkt seines Todes, wenn er seinen Körper verlässt, in seinem Geist mit mir verbunden ist, der erlangt Vereinigung mit mir. Darüber gibt es keinen Zweifel.

8:6 Jeder erreicht nach seinem Tode den Zustand, der seiner im Leben erreichten Bewusstsein-Ebene entspricht.

Der Mensch wird zu dem, was er denkt, woran er glaubt, womit sich sein Geist im Laufe seines Lebens vorzüglich beschäftigt und verbunden hat.

8:7 Darum, Arjuna, kämpfe um innere Befreiung und sei dir des Höchsten allzeit bewusst. Wenn du dein Denken immer wieder auf mich ausrichtest, wirst du sicherlich zu mir gelangen.

8:8 Durch unablässige Geistes-Übung, Meditation und Hinwendung zum Selbst gelangst du zum höchsten Herrn (Purushottama).

Der höchste Purusha

Das Sankskrit-Wort „Purusha" hat die Bedeutungen: Geist, Mensch, Urseele. In der Gita haben Atman und Purusha in etwa dieselbe Bedeutung. Als Purushottama wird die höchste Person, das höchste Wesen, die Gottheit bezeichnet. Diese kann durch den dualen Verstand des Menschen nicht erfasst werden. Nur in der meditativen Stille kann Gott geschaut werden.

8:9 Dieser Höchste, der Lenker des Universums, ist feiner als das Feinste, seine Gestalt ist unausdenkbar. Er ist reines Licht, jenseits aller dualen Erscheinungen. Von ihm wird alles Sein getragen.

8:10 Wer zur Zeit seines Hinscheidens durch Hingabe und innere Stille mit diesem Höchsten verbunden ist, der gelangt zum göttlichen Purusha.

Nicht-Wiederkehr

8:14 Wer beständig an mich denkt und sich mit nichts anderem verbindet, der findet leicht zu mir.

8:15 Die großen Seelen, welche zu mir gelangt sind, kehren nicht zu einer neuen Geburt zurück. Sie werden nicht mehr dem Vergänglichem und dem mit ihm verbundenen Leiden ausgesetzt.

8:16 Alle Wesen sind der Wiedergeburt unterworfen. Doch wer mit mir Eins geworden ist, ist davon befreit.

Entsprechend der Lehre im Hinduismus und Buddhismus ist die Seele des Menschen an das Rad des Werdens und Vergehens (Samsara) gebunden. Dieser Kreislauf wird als leidvoll angesehen. Das Aussteigen aus diesem unheilvollen Geschehen geschieht durch Selbst- und Welt- Erkenntnis, verbunden mit dem Loslassen von allen Anhaftungen und Begierden.

Tag und Nacht des Brahma

8:17-19 Der Tag des Brahma umfasst tausend Weltalter und ebenso lange dauert seine Nacht. Bei Beginn eines Schöpfungstages entstehen alle Dinge und Wesen des Alls aus dem Nicht-Offenbaren. Sie verschwinden wieder in ihm am Beginn der Welten-Nacht. Immer wieder aufs Neue entsteht und vergeht so die Vielzahl der Erscheinungen.

Das Ziel aller Ziele

8:20 Doch jenseits dieses Werdens und Vergehens gibt es noch ein stets unsichtbares, ewiges Sein, welches auch dann nicht zugrunde geht, wenn alle geschaffenen Dinge verschwinden.

8:21 Das höchste Sein ist ohne Form und unveränderlich. Man nennt es das Ziel aller Ziele. Wer es erreicht, kehrt nach seinem Tode nicht mehr zurück in die Sinnenwelt.

8:22 Der höchste Herr, der alles Sein bestimmt, das wahre Selbst aller Geschöpfe, kann nur durch stetige Hingabe verwirklicht werden.

In der Praxis bedeutet „stetige Hingabe", dass der Mensch bei allem Tun und Lassen sich stets der Liebe und Vollkommenheit des Daseins bewusst bleibt. Er achtet stets auf eine heitere, zufriedene und gelöste Stimmung in seinem Inneren.

Zwei Pfade jenseits der Welt

> 8:23 *Zwei Pfade sind es welche die Seele nach ihrem Tode beschreiten kann. Der Eine führt zur Wiederkehr, der andere zur Befreiung.*
>
> 8:24 *Auf dem Pfad des Lichtes gehen die Menschen, die Brahman verwirklicht haben, in das Absolute ein.*
>
> 8:25-26 *Auf dem Pfad der Dunkelheit fortschreitend gelangen die Seelen zur Wiederkehr ins Reich der Sinne.*
>
> 8:27 *Der Yogin, der beide Pfade kennt, kommt nicht in Verwirrung. Darum, Arjuna, verweile stets in der Achtsamkeit des Yoga.*
>
> 8:28 *Der Yogin, der dies erkannt hat, geht über verdienstvolle Taten und Opferhandlungen hinaus und gelangt zum höchsten Sein.*

Kap. 9 – Das Königswissen (Raja-Vidya)

Ewiges Leben

Zum Beginn des neunten Kapitels verspricht Krishna höchstes Wissen, durch welches Freiheit von allen Sorgen, Glückseligkeit und „ewiges Leben" erreicht wird.

Vom „ewigen Leben" spricht wiederholt auch Jesus. So zum Beispiel:

Wahrlich, wahrlich ich sage euch: Wer an mich glaubt, der hat das ewige Leben. (Joh.6,47)

Versteht man die Symbolsprache der Evangelien richtig, so könnten diese Worte in etwa so übersetzt werden:

„Wer Christus, den Gott in sich (Atman) verwirklicht, wird ewig in der Einheit, in der Liebe, Weisheit und Glückseligkeit der allumfassenden Gottheit sein.

Was also bedeutet ewiges Leben? Ist die Seele nicht ohnedies unzerstörbar, wie im zweiten Kapitel *(2:11-13)* erklärt wurde? Das Sein an sich ist ewig. Wie Pflanzen im Kreislauf der Jahreszeit kommen und gehen, so kommt und geht auch die Seele. Das Beständige, Unvergängliche der Seele (Jiva) ist ihr göttlicher Wesenskern (Atman). Doch der muss erst realisiert und gelebt werden. Zuvor besteht er nur als Angebot, als Möglichkeit.

Solange der Atman (das „Himmelreich" in uns) nicht „geschaut" wird, befindet sich die Seele auf einer halb-tierisch und halbgöttlichen Zwischen-Stufe des Bewusstseins. Diese Stufe ist vom Ego-Denken geprägt.

Erst wenn der Mensch die Wirkungsweise seines Egos durchschaut und sich von ihm befreit kann er die Vollkommenheit und grenzenlose Glückseligkeit des göttlichen Seins erfahren. Bis dahin muss die Seele durch die Freuden und Leiden der

Welt, wie wir sie durch das duale Denken vermittelt bekommen, hindurchgehen.

Alles ist Brahman

Im Vers *9:4* wird nicht zum ersten Mal darauf hingewiesen, dass alles Leben aus Krishna (Brahman) entspringt. Brahman, der universale Geist, ist der Schöpfer, Erhalter und letztlich auch der Vernichter aller Wesen. Er lässt durch seine niedere Natur (Prakriti) alle Dinge und Wesen in Erscheinung treten. Doch er selbst bleibt von seinen Schöpfungen unberührt. Alle Erscheinungen stammen von Gott, doch Gott ist nicht identisch mit seinen Erscheinungen!

In ebensolcher Weise sollte sich der Mensch mit den Schöpfungen, die aus seinem Denken, Wollen und Handeln hervorgehen nicht identifizieren. Gerade in dieser Identifikation liegt die Wurzel aller Probleme des Menschen. Solange er sich mit seinem Körper, mit seinem dualen Denken, mit seiner Vergangenheit, seinen Handlungen, seinen Stärken und Schwächen, seinen Erfolgen und seinem Versagen identifiziert, kann er nicht das verwirklichen, wozu er berufen ist.

Eine solche Seele wird immer wieder geboren. Sie ist an das Rad des Kommens und Gehens gebunden. Nur wer alle Identifizierungen mit dem „Nicht-Gott-Sein" los lässt, der befreit sich vom Kreislauf des Samsara und geht ein in eine Dimension jenseits aller Dualität.

Die menschliche Ego-Natur

Die Verse *9:10-13* befassen sich mit der Ego-Natur des Menschen. Wer nur die materiellen Erscheinungen wahrnimmt und nicht den dahinter wirkenden Geist erkennt, misst seinem Körper und seinem Mental zu viel Bedeutung zu. Soweit er das Spiel der Maya nicht durchschaut und sich nicht seiner göttlichen Natur besinnt, bleibt er Spielball der niederen Naturkräfte.

Er wird von Verlangen und Abneigung, von Lust und Leid hin und her gerissen.

Es ist Unwissenheit die das Bewusstsein der Menschen begrenzt. Erst wenn sich dieses Gefängnis aufgelöst hat, vermag die individuelle Seele ihre Einheit mit Brahman, der allumfassenden Gottheit, zu verwirklichen.

Ich bin der Weg und das Leben

Im Vers *9:1* erklärt Krishna: „Ich bin der Weg und das Ziel". Diese Wortwahl wird manchem Christen bekannt vorkommen. In gleicher Weise sprach Jesus von sich: *„Ich bin der Weg, die Wahrheit und das Leben"* (Joh. 14,6).

Diese Aussage gilt nicht nur für Krishna oder Jesus, sondern für das göttliche Selbst eines jeden Menschen. Wenn wir nur stille genug sind, wenn wir das ewige Geplapper des Verstandes beenden können, endet alle Suche und wir sind Eins mit dem Weg und dem Ziel.

In diesem Sinne erklärt Meister Eckehart:

> *„Alles, was Gott Vater seinem eingeborenen Sohne in der menschlichen Natur gegeben hat, das hat er alles auch mir gegeben. Hiervon nehme ich nichts aus, weder die Einigung, noch die Heiligkeit, sondern er hat mir alles ebenso gegeben wie ihm."*

Niemand wird bevorzugt

Vers. *9:29* bringt zum Ausdruck, dass niemand vom Schicksal bevorzugt wird. Jeder macht die Erfahrungen, die seinem Karma und seiner Bewusstseinsstufe entsprechen.

Sobald wir uns mit unserem Selbst verbinden, löst sich das Karma auf und wir sind frei. *(Vergl. 4:36)*

9:1 Krishna: Wegen deines Vertrauens, Arjuna, will ich dir nun das alles umfassende Mysterium offenbaren. Durch seine Kenntnis wirst du Freiheit und Unsterblichkeit erlangen.

9:2 Dies ist das höchste Wissen, das tiefste Geheimnis. Es kann durch unmittelbare spirituelle Erfahrung erkannt werden. Es ist immerwährend und leicht auszuführen.

9:3 Jene, die kein Vertrauen in meine Lehre haben, gelangen nicht zu mir und kehren zum Pfad der wiederholten Geburten (Samsara) zurück.

Gott ist nicht identisch mit seinen Geschöpfen

9:4 Das ganze Universum ist vom Mysterium meiner Natur durchdrungen. Alle Wesen wohnen in mir, doch ich werde nicht von ihnen begrenzt.

9:5 Obwohl ich alle Wesen hervorbringe und erhalte, ist mein Geist dennoch nicht in ihnen eingeschlossen.

9:6 Wie sich die Winde der Welt im Raum überall hin bewegen, so leben und bewegen sich alle Wesen in mir.

9:7-9 Am Ende einer Weltperiode kehren alle materiellen Erscheinungen zu mir zurück. Und am Anfang des nächsten Zeitalters erschaffe ich sie wieder in neuer Weise. (Vergl. 8:17-19)

9:8 Nach meinem Willen entsteht die gesamte Schöpfung und bleibt den Gesetzen meiner Natur (Prakriti) unterworfen.

9:9 Doch all dieses Wirken kann mich nicht binden. Ich bleibe immer der unbeteiligte Zuschauer.

Für den Menschen ist dieser Vers ein Aufruf gleich wie Gott ein unbeteiligter Zuschauer des Spiels der Maya zu sein. Vergiss alles kleinliche „Ich-" und „Mein-Denken". Hänge an Nichts. Sei dir bewusst, dass alles was kommt, auch vergehen wird. Nur dein Bewusstsein (dein göttlicher Wesenskern) ist ewig.

Unwissenheit verursacht das Ego-Denken

9:10 Nach meinem Willen bringt meine Natur alle beweglichen und unbeweglichen Erscheinungen hervor. Ich bin der Motor, der bewirkt, dass sich die Welt ständig verändert.

9:11 Die Unwissenden erkennen nicht mein höchstes Sein in allen Dingen. Sie sehen nur materielle Erscheinungen und schätzen mich deshalb nicht entsprechend.

9:12 Von egoistischem Denken bestimmt, verhalten Sie sich feindlich anderen Wesen gegenüber. Doch ihr Wissen, ihre Handlungen und ihre Erwartungen müssen scheitern.

Teilhaben am Wesen der Gottheit

9:13 Diejenigen, Arjuna, die nicht verblendet sind, erkennen mich als den Ursprung von allem und nehmen teil an meinem göttlichen Wesen.

9:14-15 Voll Liebe verehren sie mich und streben beständig nach mir. Andere wieder folgen dem Pfad der spirituellen Erkenntnis. Sie erblicken in aller Vielfalt meine unteilbare Natur.

Der Mensch verehrt Gott nicht indem er ihn äußerlich anbetet und erwartet, dass dieser seine selbstsüchtigen Wünsche erfüllt und seine hausgemachten Sorgen beendet. Gott verehren heißt, wie ein Gott denken, wirken und sein. Gott ruht in sich selbst. Er repräsentiert höchste Bewusstheit, Liebe, Gelassenheit und Glückseligkeit.

> *9:16-17 Ich bin die rituelle Opferhandlung und das Opfer; bin das Feuer, das heilende Kraut; bin der Vater dieser Welt und auch die Mutter; bin der Gegenstand des Wissens, die heilige Silbe Om und die drei Veden Rik, Sama und Yajur.*

Die Silbe „Om" gilt in den asiatischen Religionen als heilig. Sie wird in Gesängen und Mantren verehrt. Sie symbolisiert Brahman, die Weltenseele.

Die Rik-, Sama- und Yajur-Veden zählen zu den ältesten heiligen Schriften der Hindus.

Der innere Beobachter

> *9:18 Ich bin der Weg und das Ziel, der Herr und der Erhalter von allem Leben. Ich bin der innere Beobachter, die Zuflucht und der beste Freund. Ich bin der Ursprung und das Ende von allen Erscheinungen; bin der Ort der Ruhe und der ewige Quell neuen Lebens.*

„Krishna", den „inneren Beobachter", kann jeder relativ leicht in sich wahrnehmen. Versuche einfach nur zu beobachten, was „jetzt" in dir und um dich geschieht. Schalte so gut es geht dein Denken aus. Denke nicht nach über das, was du jetzt wahrnimmst, beurteile es nicht! Bleib ganz präsent! Verbleib im Zustand der „Reinen Wahrnehmung"! Wenn du das immer wieder übst, wirst du erstaunliche Verwandlungen in dir feststellen können.

> *9:19 Ich bin die Wärme, ich halte den Regen zurück und spende ihn. Ich bin der Tod und auch die Unsterblichkeit. Sowohl das Sein, als auch das Nichtsein sind in mir.*

9:22 Die mir ganz hingegeben sind und über mich medi-
tieren, denen werde ich all das geben, was sie benötigen.

Wer mit dem Innengott verbunden ist, muss sich keine Sorgen
um seine äußeren Bedürnisse machen. Dies bestätigen auch
die Wort Jesu: *„Suchet zuerst das Reich Gottes (das Selbst in*
dir) und alles andere (was für dein Leben und dein Glück erfor-
derlich ist), wird dir hinzu gegeben." *(Luk. 12,31)*

Doch die meisten Menschen machen es gerade umgekehrt, sie
beachten nicht den Gott in sich, sie spüren keine Verbindung
zu ihrem Innen-Gott, sondern kämpfen mit ihren täglichen
Sorgen und Problemen und wundern sich, dass dieser Kampf
kein Ende nehmen will.

Andere Götter verehren

9:23 Auch diejenigen, die anderen Göttern opfern und
sie verehren, verehren letztendlich, ohne sich dessen
bewusst zu sein, nur mich. Allerdings fehlt ihnen dabei
das rechte Wissen.

9:24 Denn ich bin derjenige, der alle Opfer empfängt.
Jene, die mich nicht erkennen, erlangen nicht meinen
Frieden.

9:25 Die Verehrung von niederen Göttern und Geistern
bringt minderen Lohn. Was auch immer die Menschen
verehren, mit dem werden sie verbunden sein.

Der Mensch verwirklicht das, woran er glaubt. Sein Denken
und Glauben bestimmt, wie er die Welt sieht und wohin ihn
sein Karma führen wird. Siehst du die Welt als mangelhaft,
gefährlich, so wirst du Mangel leiden und Gefahren werden
dich bedrohen. Erkennst du die Vollkommenheit und Weisheit
des Seins, so wirst auch du vollkommen und glückselig sein.

Stets mit der göttlichen Einheit verbunden sein

9:27 Was immer du isst, was immer du tust, was immer du erfährst, vollbringe es im Bewusstsein deiner Einheit mit mir!

9:28 Auf diese Weise wirst du von den Karma-Folgen sowohl der guten als auch der schlechten Taten befreit und du wirst vereint sein mit mir.

Bei allem was du tust und erfährst, gilt es für dich heiter und gelassen zu bleiben und dir deiner göttlichen Liebe und Vollkommenheit bewusst zu sein. Vergiss alle Wünsche und Sorgen um die Zukunft und alles, was sich in der Vergangenheit zugetragen hat. Jetzt leben und wunschlos glücklich sein, damit bist du im Einklang mit Gott!

Beim Innen-Gott Zuflucht nehmen

9:29-31 Ich bin allen Wesen gegenüber gleich eingestellt. Niemanden lehne ich ab. Jene aber, die sich mir zuwenden, werden mit mir vereint.

Selbst jemand, der viel Schuld auf sich geladen hat, wird geheilt, sobald er Zuflucht zu mir genommen hat.

Sehr bald wird seine Seele gereinigt sein und er erlangt ewigen Frieden. Niemand kann zugrunde gehen, der sich mit mir verbindet.

9:34 Wende deinen Geist stets mir zu, liebe mich und sei mir ergeben. Auf diese Weise wirst du mit mir vereinigt sein.

Alle Schuld und alles Karma lösen sich auf, sobald wir uns von der Identifikation mit dem Körper und den äußeren Ereignissen befreien. Sind wir Eins mit unserem Wesenskern, so sind wir Eins mit der universellen Gottheit und frei von allen dualen Fesseln.

Kap. 10 – Die Macht und Herrlichkeit Gottes

Krishna der Schöpfer aller Welten

Krishna deklariert sich im zehnten Kapitel erneut als der ungeborene, anfangslose Schöpfer aller Welten. Aus ihm gehen daher auch alle Eigenschaften der menschlichen Seele, sowohl die guten als auch die negativen, hervor.

Nach altindischem Glauben gilt Krishna nicht als Verkörperung Brahmans sondern als eine Erscheinung (Avatar) des Gottes Vishnu (einer der drei Hauptgötter neben dem allumfassenden Brahman).

Für den „Wissenden" (Jnani) haben all diese Legenden und Gottheiten nur allegorische Bedeutung. Sie weisen hin auf das überirdische Sein, welches mit dem gewöhnlichen Verstand nicht fassbar ist.

Nur wenigen Menschen ist es möglich sich diesem Reich, jenseits von Gedanken und Bildern, durch meditative Versenkung zu nähern. Deshalb verwenden heilige Schriften Symbole und Gleichnisse um auf das unaussprechliche und unbeschreibbare Göttliche hinzuweisen.

Krishna und seine Offenbarungen

Krishna beschreibt in diesem Kapitel in welchen Formen er sich in der Welt manifestiert. Er offenbart sich nicht nur als Schöpfer des Schönen, Guten und Herrlichen in der Welt, sondern er bezeichnet sich auch als den Verursacher von Furcht, Schmach, Schmerz und Tod.

Die Seele des Menschen ist, auf Grund ihrer dualen Denkweise, sowohl mit „Gut" als auch mit „Böse", mit „Gesundheit" und „Krankheit" und vielen anderen „erfreulichen" und „unerfreulichen" Erlebnissen konfrontiert. Diese Art die Welt zu wahrzunehmen und zu beurteilen, trennt die Seele von der Einheit und Vollkommenheit des Seins. Natürlich ist diese Trennung nur ein Vorgang im Bewusstsein des Menschen. Tatsächlich gibt es nur „ein" Sein, welches Gott, Allah, Jahwe, Brahman, Buddha oder sonst wie genannt wird.

Der Sinn der Unterscheidung „Gut" und „Böse"' und der damit verbundenen Trennung der Seele von der Einheit, wird im Kapitel 14 beschrieben.

Ich bin die Sonne unter den Gestirnen

In den Versen *10:21 bis 39* schildert Krishna seine hervorragendsten Manifestationen. Das Schönste, Mächtigste, Größte, Beste wird aufgezählt, um seine Herrlichkeit darzustellen.

So ist Krishna die Sonne unter den Gestirnen, der Ganges unter den Flüssen, unter den Berggipfeln der heilige Berg Meru, er ist als Löwe der König unter den Tieren und so fort.

All diese Darstellungen dienen dazu Arjuna, bzw. dem Hörer oder Leser der Gita ein Bild von der allumfassenden Größe und Vollkommenheit der Gottheit, die hinter den Erscheinungen wirkt, zu vermitteln.

Es werden in diesen Versen viele Namen – zum Großteil aus der hinduistischen Mythologie – angeführt. Die Darstellung all dieser Begriffe und Erscheinungen Krishnas ist für das Verständis der Gita nicht erforderlich. Deshalb werden sie nur in verkürzter Form wiedergegeben.

Der Ursprung aller Erscheinungen

10:2 Weder die Götter noch die alten Weisen (Rishis) kennen meinen Ursprung; denn ich bin selbst der Urgrund aus dem diese entstammen.

10:3 Wer mich, den ungeborenen, anfanglosen Schöpfer aller Welten erkennt, ist frei von Täuschung und von allen Übeln erlöst.

10:4 Aus mir gehen hervor Verstand und Erkenntnis, Geduld, Wahrheit und Selbstbeherrschung, innerer Frieden, Freude und Schmerz, Geburt und Tod, Furcht und Furchtlosigkeit, Ehre und Schmach.

10:5 Gewalt und Gewaltlosigkeit, Gelassenheit, Zufriedenheit und Wohltätigkeit, Ruhm und Schmach, all diese Eigenschaften der Menschen sind aus mir geschaffen.

10:6 Alle großen Weisen und die Urväter der Menschheit sind aus meinem Geist erschaffen.

10:7 Wer meine Macht und das Geheimnis meiner Schöpferkraft erkennt, der gelangt zur Einheit mit mir. Darüber bestehen keine Zweifel.

10:8 Ich bin der Ursprung aller Welten. Alle Schöpfung geht aus mir hervor. Aus diesem Wissen verehren mich die Erkennenden.

10:9 Diese Weisen sind mit ihrem Geist stets auf mich ausgerichtet. Sie erleuchten sich gegenseitig und sind auf diese Weise glücklich und zufrieden.

10:10 Denjenigen, die mir ständig hingegeben sind, gewähre ich spirituelle Einsicht, wodurch sie zu mir gelangen.

10:11 Aus Mitgefühl zerstöre ich mit dem Licht wahrer Erkenntnis die Finsternis ihrer Unwissenheit.

Krishnas Herrlichkeit

In der Fortsetzung des Kapitels 10 ersucht Arjuna Krishna ihm noch mehr von seiner Herrlichkeit zu berichten:

10:12 Arjuna: Du bist der höchste Brahman, die höchste Zuflucht, die hellste Reinheit, der ewige, göttliche Purusha, der Ungeborene, Alles- Durchdringende.

10:13-15 Alle Weisen erklären dies und du selbst tust es kund. Weder die Götter noch die Dämonen kennen deine wahre Natur. Du allein kennst dich selbst durch dich selbst, du höchster Purusha.

10:17-18 Oh, Krishna, wie kann ich dich erkennen? In welchen Offenbarungen erscheinst du? Berichte mir ausführlicher und im Einzelnen von deiner Macht und Herrlichkeit!

Krishna entspricht diesem Wunsch Arjunas und erklärt:

10:19 Ich werde dir meine göttlichen Erscheinungen erklären, aber nur die Hervorragendsten, denn im Grunde gibt es keine Grenzen für all meine Offenbarungen.

10:20 Ich, Arjuna, bin das Selbst, welches in den Herzen aller Geschöpfe wohnt. Ich bin der Anfang, die Mitte und das Ende aller Wesen.

10:21 Unter den vedischen Göttern bin ich Vishnu. Unter den Gestirnen bin ich die strahlende Sonne.

10:22 Ich bin von den heiligen Schriften der Sama-Veda (eine von den vier vedischen Gesängen); Von den Göttern bin ich Indra (höchster Kriegs-Gott der vedischen Religion); In den Lebewesen bin ich das Bewusstsein.

10:23-24 Ich bin das Feuer (Agni) unter den Feuergöttern; Und bin der Meru unter den heiligen Berggipfeln. Unter den Gewässerm bin ich der Ozean.

10:25-28 Ich bin die heilige Silbe OM unter den Worten. Ich bin Narada unter den Rishis (göttliche Seher); bin unter den Menschen der König. Unter den Zeugenden bin ich der Liebesgott.

10:30 Von den Dämonen bin ich Prahlada; Ich bin die Zeit für alle Messungen; Bin der Löwe unter den Tieren und der Adler Garuna bei den Vögeln.

Nach der indischen Mythologie sind Dämonen (Sanskrit: Asuras) ehemalige Götter, die dem Materiellen verhaftet sind. Prahlada war ein „guter", also ein aus der Art geratener Dämon, der Vishnu glühend verehrte. Deshalb wollte sein Vater diesen „missratenen Sohn" töten. Dieser wird jedoch durch Vishnu, der als unbesiegbarer Löwe auftritt, gerettet und der „böse" Vater von ihm zerrissen.

10:31 Von den Tieren im Wasser bin ich der Alligator und unter den Flüssen der Ganges.

10:39 Was auch immer der Samen der Lebewesen ist, das bin ich Arjuna. Nichts was sich regt oder unbeweglich ist kann ohne mich existieren.

Am Ende der umfangreichen Schilderungen erklärt Krishna:

10:40 Unendlich sind meine göttlichen Offenbarungen. Nur einige Beispiele davon habe ich dir aufgezählt.

10:41 Du sollst jedenfalls wissen, dass alle Erscheinungen, welche die höchste Schönheit, größte Macht und die prächtigste Herrlichkeit zum Ausdruck bringen, aus meiner Kraft hervorgehen.

Zuletzt stellt Krishna selbst den Sinn all dieser Darstellungen seiner Mächtigkeit mit den Worten in Frage:

10:42 Doch wozu dienen dir Arjuna all diese Beschreibungen? Erkenne nur, dass das gesamte Universum mit all seinen Bewegungen eine einzige Manifestation meiner selbst ist.

Kap. 11 – Arjunas Vision

Arjuna „schaut" die höchste Gottheit

Nachdem Krishna im vorangehenden Kapitel seine irdischen Manifestationen geschildert hat, begehrt Arjuna nun nicht nur zu hören, in welch großartigen Formen sich die oberste Gottheit offenbart, sondern er will das unbeschreibbare, alles-beherrschende und umfassende Höchste mit eigenen Augen „schauen". Doch dazu ist der duale, analytische Verstand des Arjuna nicht fähig. Auf seiner Bewusstseins-Stufe kann er das grenzenlose „Alles" und „Nichts" der Gottheit nicht erfassen.

Um die Wissbegierde Arjunas einigermaßen zu befriedigen, versetzt ihn Krishna, mit Hilfe seiner göttlich-magischen Kräfte, in einen besonderen geistigen Zustand. Arjuna erlebt sodann eine Vision, die als Metapher zu verstehen ist, um die Grenzenlosigkeit der transzendenten Wirklichkeit zu erahnen. In dramatischen Bildern wird Arjuna das Wesen der allmächtigen, alles erschaffenden und alles vernichtenden Gottheit vor Augen geführt.

Die Apokalypse

Die teilweise „haarsträubenden" Bilder der Vision Arjunas erinnern an Schilderungen der Apokalypse (Prophezeiung des Welt-Gerichts und Welt-Unterganges), wie wir sie in antiken persischen und kleinasiatischen Mythen vorfinden. Auch im Alten und Neuen Testament und speziell in der „Offenbarung des Johannes" wird das große Endgericht in dramatischer Weise dargestellt.

Allerdings erscheint im Kapitel 11 der Gita kein richtender und strafender Gott. Die Erzählung dient vorzüglich dazu die gewaltige, allumfassende Macht und Herrlichkeit des höchsten Gottes darzustellen und aufzuzeigen, wie von dieser Macht alles Werden und Vergehen als zyklisch-kosmisches Geschehen vorherbestimmt und vollzogen wird.

Alles geschieht nach Gottes Plan

Zum Ende des Kapitels nimmt Krishna Bezug auf die bevorstehende Schlacht. Er erklärt, dass das Schicksal all der Krieger, die an dieser Auseinandersetzung teilnehmen, bereits vorherbestimmt sei. Daher spiele es keine Rolle, ob Arjuna bereit sei sich am Kampf zu beteiligen.

Für die Gottheit ist Arjuna in der bevorstehenden Schlacht eines seiner Werkzeuge, um das Karma der Beteiligten zu vollziehen. Auch wenn Arjuna sich weigern sollte, an der Schlacht teilzunehmen, wird alles nach dem vorherbestimmten Plan des Schicksals geschehen.

Der Mensch glaubt mit seinem Tun und Lassen eine wichtige Rolle im Weltgeschehen zu spielen. In Wahrheit ist dies eine Illusion. Der Mensch bildet sich ein dies und jenes zu entscheiden, doch tatsächlich ist es der universelle Geist der bestimmt und lenkt.

Dabei sollte uns bewusst sein, dass alles äußere, vergängliche Geschehen auf dieser Erde nur ein Schauspiel der Maya ist. *(siehe Kap. 7 Seite 72)*

Deine Entscheidung

Die einzig wichtige Entscheidung, die der Mensch im Verlauf seines Erdenleben aus sich heraus treffen kann und immer wieder treffen muss, bezieht sich auf die Frage: „Hänge ich weiterhin an meinen Ego-Wünschen, die sich auf die äußere Welt beziehen oder strebe ich nach der Verwirklichung meines Atman, meiner mir angeborenen Gottheit?" Mit anderen Worten gesagt: „Kämpfe ich weiter um äußeres Glück, um Besitz und Anerkennung oder entscheide ich mich für die Verbindung zu meinem göttlichen Wesenskern? Bleibe ich weiter verstrickt in die vergänglichen Freuden und Leiden der Erscheinungen oder öffne ich mich für den tiefen Frieden, die grundlose Liebe und die unvergängliche Freude in mir?"

Krishnas tausendfältige Gestalten

Arjuna wendet sich mit den folgenden Worten an Krishna:

11:2 Du hast mir das Entstehen und Vergehen der Wesen und deine unvergängliche Vollkommenheit ausführlich mit Worten geschildert.

11:3 Ich erkenne die Wahrheit in dem, wie du dich selbst dargestellt hast. Doch nunmehr möchte ich mit eigenen Augen deine göttliche Gestalt erblicken.

11:4 Wenn du meinst, dass ich dazu fähig bin, so zeige mir nun dein unvergängliches Selbst, o Meister des Yoga.

Krishna erklärt sich bereit auf den Wunsch Arjunas einzugehen:

11:5 Krishna: Erblicke denn, Arjuna, meine tausendfältigen göttlichen Gestalten in verschiedensten Farben und Formen.

11:7-8 Erblicke nun das ganze Universum und was sonst du zu sehen wünscht, hier in meiner Wesenheit vereinigt.

Doch mit deinen menschlichen Augen kannst du mich nicht erblicken. Deshalb will ich dir ein geistiges Auge eröffnen. So kannst du meine transzendente Natur erfahren.

11:9-11 Nachdem Krishna so gesprochen hatte, offenbarte er sich in seiner höchsten göttlichen Gestalt, mit unzähligen Mündern und Augen, mit vielen himmlischen Gewändern und Schmuck, mit zahlreichen erhobenen göttlichen Waffen, mit herrlichen duftenden Ölen gesalbt, strahlend und grenzenlos.

11:12 Selbst wenn tausend Sonnen zugleich am Himmel aufgingen, wäre ihr Licht nicht mit der Herrlichkeit vergleichbar, die sich zeigte.

11:13-14 Da schaute Arjuna das ganze Universum in seiner unendlichen Vielfalt vereinigt in der universalen Form des Herrn. Und er wurde von großem Staunen ergriffen. Das Haar vor Entsetzen gesträubt, verneigte er sich tief und sprach mit gefalteten Händen:

Die höchste Wirklichkeit

11:15-17 Arjuna: Ich sehe in deinem Körper alle Götter und die Schar aller lebenden Wesen. Ich erblicke den Herrn, im Lotoskelche sitzend, umgeben von allen Weisen und allen Götter-Schlangen. Ich erkenne deine unendliche Gestalt mit zahllosen Armen, Bäuchen, Gesichtern und Augen. Da gibt es keinen Anfang, keine Mitte und kein Ende.

Du trägst eine Krone und bist bewaffnet mit Keule und Diskus. Das Licht, welches von dir ausgeht ist unermesslich und kaum zu ertragen.

11:18-19 Du bist die höchste Wirklichkeit, das höchste Ziel der Erkenntnis. Du bist ohne Anfang und ohne Ende. Du lenkst alles mit deiner unendlichen Macht. Die Sonne und der Mond sind deine Augen und dein Antlitz ist Feuer. Du entzündest das Weltall mit deiner Kraft.

11:20 Du bist überall im Himmel, auf Erden und in den Räumen dazwischen ausgebreitet. Alle Wesen zittern beim Anblick deiner wunderbaren und zugleich schrecklichen Gestalt.

11:25-27 Wenn ich deine fürchterlichen Zähne und schrecklichen Münder sehe, die brennen wie Feuer am Ende der Zeit, schwinden mir die Sinne und mich erfasst Entsetzen.

Ich sehe alle Krieger, die hier versammelt sind um zu kämpfen, wie sie in deinen furchtbaren Rachen stürzen und dort von scharfen Zähnen zermalmt werden.

11:28 Wie Flüsse, die sich in das Meer ergießen, so drängen sich diese Helden unaufhaltsam in deinen Flammenschlund. Und wie die Motten nach dem Lichte strebend, in den Flammen ihren Tod finden, so eilen diese Männer ihrem Untergange zu.

Das Schicksal der Krieger ist vorherbestimmt

11:31 Arjuna: Sag an, wer bist du, der du in so schrecklicher Gestalt erscheinst! Ich verneige mich vor dir und bitte um Erbarmen. Dich zu erkennen wünsche ich, doch kann ich deine Offenbarung nicht begreifen.

11:32-34 Krishna: Ich bin die Zeit, die Zerstörerin der Welten. Ich werde das Leben dieser Menschen, weil es ihr Schicksal so will, vernichten. Auch ohne dein Mitwirken, Arjuna, werden alle Krieger, dich ausgenommen, in dieser Schlacht sterben müssen. Deswegen erfülle deine Aufgabe und töte jene, die durch mich bereits dem Tod geweiht sind.

Die Gottheit in allen Dingen sehen und verehren

In den Versen *36 bis 46* erfolgt durch Arjuna eine überschwängliche Lobpreisung der Fähigkeiten Krishnas. Nachdem diese Verse großteils Wiederholungen beinhalten und ansonsten für das Verständnis der Botschaft der Gita unwesentlich sind, werden sie nicht ausgeführt. Auch die Antwort Krishnas darauf wird nur verkürzt wieder gegeben:

> *11:52-54 So wie du mich erblickt hast, Arjuna, kann ich weder durch Kenntnis der Veden, noch durch Askese, nicht durch Wohltätigkeit oder Opfer geschaut werden. Nur wer mich in allen Dingen erkennt und verehrt kann diese Schau erreichen.*
>
> *11:55 Sei frei von aller Verhaftung und frei von Feindschaft gegenüber allen Wesen. Nimm mich als höchstes Ziel deiner Bestrebungen. So gelangst du zu mir.*

Kap. 12 – Bhakti-Yoga oder die Verbindung mit dem Absoluten

Das Absolute oder die Geschöpfe verehren

Eingangs des 12. Kapitels stellt Arjuna an Krishna die Frage, auf welchem Weg wir eher Gottes-Bewusstsein erlangen:

- indem wir Gott, wie er in allen Wesen verkörpert ist, liebevoll und selbstlos dienen oder
- indem wir danach streben uns mit dem reinen Bewusstsein zu verbinden?

Annähernd dasselbe Thema wurde schon im dritten und im fünften Kapitel behandelt. Soll sich der „Sadhaka" (der spirituelle Schüler) besser selbstlosen Werken oder der „Entsagung" widmen. Soll er gute Werke vollbringen oder sich von der Welt abwenden und in der Meditation sein Heil finden?

Mit der Gottheit (Brahman) Eins zu werden, bedeutet Gott zu sein. Wie aber können wir uns Gott vorstellen? Ist er „Alles" und daher zugleich „Nichts", also nichts Konkretes? Wenn Gott allumfassend ist, kann er zugleich etwas Begrenztes, sinnlich Wahrnehmbares und mit Worten beschreibbares sein? Krishna erklärt im Vers *12:5*, dass es ein äußerst schwieriger Weg sei, sich mit der absoluten Realität jenseits von Worten und Form, von Raum und Zeit zu verbinden.

Gott kann mit dem dualen Verstand nicht erreicht werden. Alles, was sich der Mensch über sein Wesen ausdenkt, muss logischer Weise falsch sein. Du kannst dich nur durch Aufgabe des Egos und Stille-Sein für das Gott-Sein öffnen. So erklärt der Mystiker Angelus Silesius:

„In Gott wird nichts erkannt: er ist ein einig Ein,
was man in ihm erkennt, das muss man selber sein."

Krishna empfiehlt demjenigen, der dafür noch nicht breit ist, den Weg der Verehrung Gottes durch Hingabe (Bhakti) an seine Geschöpfe und selbstloses Tun.

Dienen und sich am Wohl aller Wesen erfreuen

Krishna antwortet Arjuna, dass sowohl jene, die Gott in seinen Schöpfungen verehren und selbstlos ihre Werke vollbringen als auch solche, die sich mit dem transzendenten Sein verbinden, das Selbst/Brahman verwirklichen. Für beide Wege sei es erforderlich, die mentalen Vorgänge (Denken, Fühlen und Wollen) zu durchschauen und stets auf das Wohl aller Geschöpfe zu achten.

In den Versen *12:2-12* beschreibt Krishna verschiedene Wege der Verbindung mit Brahman:

* Sich stets mit dem Atman verbunden fühlen;
* sich stets des Wirkens der Gottheit hinter den Erscheinungen bewusst sein;
* Gedanken und Gefühle beherrschen;
* Sich der Einheit und Vollkommenheit des Seins bewusst sein;
* allen Geschöpfen dienen und sich an ihrem Wohlergehen erfreuen;
* in der Stille der Meditation verweilen;
* im Handeln nicht nach den Früchten gieren;
* nach Erkenntnis streben;
* Wünsche und Anhaftung beenden;

In den weiteren Versen wird in sehr ansprechender Art beschrieben, auf welche Weise das Ego-Denken aufgelöst und damit das Tor zu Zufriedenheit und wahrer Liebe geöffnet wird.

Bei allen Wegen sollte uns bewusst sein, dass wir eigentlich nichts erreichen müssen. Das „Himmelreich" ist bereits in uns. Wir „sind" bereits ein göttliches Wesen (Atman). Es sind nur etliche Jahrtausende alte Denkmuster, die wir ablegen müssen.

12:1 Arjuna: Welche Menschen gehen den besseren Yoga-Weg, diejenigen, die dich in der Welt mit hingebungsvollen Dienst verehren oder solche, welche versuchen sich mit dem unmanifestierten, unvergänglichen Brahman zu verbinden?

12:2 Krishna: Jene, die sich stets mit mir verbunden fühlen, die mich in allen Erscheinungen wahrnehmen und mich mit ernsthaften Glauben verehren und mir dienen, diese betrachte ich als im Yoga vollkommen.

12:3-4 Aber diejenigen, die sich für das Unmanifestierte, Unveränderliche, Undefinierbare, für das Allgegenwärtige, Undenkbare öffnen, indem sie ihre Sinne beherrschen, die in allen Lagen gleichmütig sind, sich an dem Wohl aller Wesen erfreuen, diese gelangen ebenfalls sicher zu mir.

12:5 Allerdings gehen diejenigen, die ihr Bewusstsein auf das Nicht-Offenbare richten einen schwierigeren Weg, denn es erfordert von verkörperten Seelen eine hohe Konzentration um sich dem Undenkbaren anzunähern.

Der Weg der Konzentration und Meditation wurde im Kapitel *6 (6:10 ff.)* behandelt.

Richte deinen Geist stets auf mich

12:6-7 Jene, die bei all ihren Handlungen meiner eingedenk sind, die über mich nachsinnen und mich hingebungsvoll verehren, die befreie ich alsbald aus dem Meer des Kreislaufs von Geburt und Tod.

12:8 Richte deinen Geist ständig auf mich. Öffne dich für den Frieden in dir. So wirst du in mir wohnen, zweifle nicht daran!

Eine der wirksamsten und einfachsten Methoden um über das Ego, über das duale Begehren und Ablehnen, hinaus zu gehen, besteht darin, bei allen Handlungen in einer gottverbundenen heiteren und zufriedenen Seelenstimmung zu verbleiben. Das ist Gottesverehrung. Denn der Gott in uns ist Liebe, Vertrauen und Glückseligkeit.

12:9 Wenn dir das nicht gelingt, dann übe dich im Yoga der nach innen gerichteten Versenkung.

12:10 Wenn du jedoch nicht in der Lage bist, diese Yoga-Konzentration durchzuführen, so verehre mich durch Handlungen die mir und den Menschen dienen. Wenn du beim Handeln meiner eingedenk bist, so wirst du Vollkommenheit erlangen.

12:11 Wenn es dir beim Wirken nicht möglich ist, meiner stets zu gedenken, so vollziehe deine Handlungen gelassen, ohne Furcht und ohne Gier nach ihren Früchten.

12:12 Erkenntnis ist besser als rituelle Handlungen. Besser als Wissen ist Meditation. Besser als Meditation ist das Aufgeben aller Wünsche und Anhaftungen. Durch solche Entsagung kannst du sofort inneren Frieden erlangen.

Der wahrhaft Liebende

In den folgenden Versen werden die Eigenschaften des wahrhaft Liebenden (Bhakti) beschrieben:

12:13-14 Wer niemanden gegenüber feindlich gesinnt ist, sondern freundlich und hilfsbereit, wer sich von Selbstsucht befreit, wer gleichmütig bleibt in Freude und Leid, wer stets zufrieden ist und mit Entschlossenheit seinen Weg zur Selbst-Befreiung geht und wer seine Intelligenz und sein Herz für die Hingabe an mich verwendet, der wird mit mir vereint.

12:15 Wer niemanden in Bedrängnis bringt und selbst sich nicht bedrängen lässt, wer frei von Angst und Sorge ist und Gelassenheit zeigt in Freude und Leid, den liebe ich.

12:16 Wer nichts begehrt, rein ist im Handeln und keine Erfolge erwartet, allem gegenüber neutral und gelassen bleibt, der ist mir lieb.

12:17 Wer weder an Freude haftet, noch Hass empfindet, wer weder klagt noch begehrt, wer Gutem und Bösem gleich begegnet, den schätze ich.

12:18-19 Wer gegenüber Feind und Freund sich gleich verhält, von Lob und Tadel nicht berührt wird, wer schweigsam und stets zufrieden ist, wer an keinem Besitz hängt, wer im Wissen verankert ist und wer beharrlich dem höchsten Ziel folgt, der lebt in Harmonie mit mir.

12:20 Über alle Maßen bin ich mit den Verehrern verbunden, die mich als ihr höchstes Ziel betrachten und mit Achtsamkeit der Lehre folgen, welche hier dargestellt wird.

Kap. 13 – Das Feld und der Kenner des Feldes

Prakriti und Purusha

Im Einleitungs-Vers zum Kap. 13 (dieser Vers wird üblicher Weise bei der Vers-Zählung nicht berücksichtigt) fragt Arjuna nach der Bedeutung der Begriffe „Prakriti" und „Purusha".

Die Prakriti wird als „das Feld" und der Purusha auch als „Kenner des Feldes" bezeichnet. Die Prakriti gilt nach der alten indischen Weisheitslehre als die Ur-Materie, aus der sich die Schöpfung entfaltet. In der Gita der Begriff „Prakriti" für die Erscheinungen der Natur verwendet.

Den Gegenpol dazu bildet der „Purusha", der „Kenner des Feldes". Er ist derjenige, der das Feld beobachten und begreifen kann. In der Gita wird der Begriff „Purusha" sowohl für Atman als auch für Brahman (auch „Purushottama" – höchster Gott) verwendet.

Nach altindischer Legende schafft die Gottheit mit Hilfe der - ursprünglich ebenfalls aus ihr stammenden - Natur-Gesetze die Welt *(siehe 13:26)*. Brahman, die allumfassende, höchste Gottheit bedient sich dabei einer Dreiheit von Kräften (Sanskrit: Trimurti), die das Universum gestalten. Diese Kräfte werden durch die drei Götter Brahma (der Schöpfer), Vishnu (der Erhalter) und Shiva (der Zerstörer) symbolisiert.

Wie zwei goldene Vögel auf einem Baum

In den Versen *13:21-22* wird beschrieben wie die Seele des Menschen mit zwei grundsätzlich verschiedenen Welten in Beziehung steht. Äußerlich ist sie mit der Natur (Prakriti) – mit dem Körper und dem Mental – verbunden und im Innersten mit dem Atman, ihrem göttlichen Wesenskern.

Dazu findet sich in der Mundaka-Upanischad – einer der ältesten Weisheits-Schriften des Hinduismus – folgender wunderbare Vergleich:

„Wie zwei goldene, in engster Freundschaft auf ein und demselben Baum thronende Vögel wohnen das Ich und das Selbst in demselben Körper. Der Erstere isst von den süßen und sauren Früchten vom Baum des Lebens, während der Letztere innerlich losgelöst zusieht.

Solange wir meinen, wir seien das Ich, fühlen wir uns anhaftend gebunden und verfallen dem Kummer. Aber werde inne, dass du das Selbst bist, der Herr des Lebens und du wirst gewisslich vom Kummer befreit." *(Quelle: Die Upanischaden, übersetzt von Eknath Easwaran, Goldmann-Verlag)*

Es ist nicht schwer zu erkennen, dass in den vorstehenden Zeilen mit dem Vogel, der von den süßen und sauren Früchten isst, unsere Seele (Ego) gemeint ist. Hingegen ist es unser göttliches Selbst, welches – wenn wir dazu bereit sind – diesem dualen Schauspiel gelassen zuschauen kann.

Die Unterscheidung zwischen Selbst und Natur

13:1 Die Naturerscheinungen, Arjuna, werden das „Feld" genannt. Der Kenner des Feldes (das Selbst) hat Bewusstsein von diesem Feld.

13:2 Erkenne mich (Krishna) als das Selbst, als den Kenner des Feldes (Prakriti). Die Unterscheidung zwischen dem Selbst und der Natur bedeutet wahre Weisheit.

Um über die dualen Erscheinungen (das Angenehme und Unangenehme) hinaus zu wachsen, gilt es die vergänglichen Erscheinungen von dem unvergänglichen Selbst, dem Kern aller Wesen, zu unterscheiden.

Das Vorherrschen von Prakriti im Mental des Menschen führt zu unbewussten Denken und Handeln. Die Verbindung mit dem Selbst, schafft Licht im Bewusstsein.

13:5 Die Natur besteht aus den 5 Hauptelementen (Erde, Wasser, Feuer, Luft und Raum), aus den 5 Sinnen, dem Selbstgefühl und der Denkfähigkeit. (Vergl. 7:4)

13:6 Auf diesem Felde erscheinen Begehren und Ablehnung, Freude und Leid, die Intelligenz und der Wille.

Die Eigenschaften der Wissenden

Der „Jnani" (Kenner des Feldes) ist der unbeteiligte Beobachter der Natur-Erscheinungen und der Vorgänge im eigenen Mental. Er hat sein Ego und damit seine Fesselung an die vergänglichen Erscheinungen aufgelöst. Dies zeigt er durch nachstehende Merkmale:

13:7 Jene, die wissend sind, zeigen folgende Eigenschaften: Demut, Gewaltlosigkeit, Geduld, Aufrichtigkeit, Respekt gegenüber dem spirituellen Lehrer, Reinheit von Körper und Geist, Beständigkeit, Selbstbeherrschung.

13:8 Sie haben Gleichmut gegenüber den Sinnesobjekten und erkennen das Übel von Geburt und Tod, Alter, Krankheit und Leid.

13:9 Sie haften nicht an Kindern, Weib (Mann) und Besitz und bleiben gelassen gegenüber allen erfreulichen und unerfreulichen Ereignissen.

13:10 Sie sind innerlich stets verbunden mit dem Selbst, suchen ruhige Orte auf und meiden Ansammlungen von Menschen.

13:11 Sie sind beharrlich beim Erwerb von spiritueller Erkenntnis und streben nach Erreichung des höchsten Ziels (Verwirklichung ihres Selbst).

In den folgenden Versen unternimmt Krishna einen neuerlichen Anlauf Brahman, die allumfassende Gottheit zu erklären.

Das Höchste ist einerseits jenseits aller Erscheinungen, zugleich aber wirkt es in allen Dingen der diesseitigen Welt.

Brahman, das Ziel aller Ziele

13:12 Ich will dir nun das Wissen kund tun, welches zur Unsterblichkeit führt. Das einzig Wesentliche, was es zu erkennen gibt, ist das höchste Selbst (Brahman). Es hat keinen Anfang und kann weder als seiend noch als nichtseiend bezeichnet werden.

13:13 Brahman wirkt in allen Dingen der Natur, in jeder Hand, in jedem Fuß. Wohin du schaust, es wohnt in jedem Kopf, Mund und Auge dieses Universums.

13:14 Es hat selbst keine Sinne und kann doch alles wahrnehmen. Es trägt alles Sein, doch ist es selbst frei von allen Eigenarten der Natur. Dennoch erfreut es sich der Eigenschaften der Natur.

13:15 Es ist innerhalb und außerhalb aller Geschöpfe. Es bewegt alles und ist doch selbst in Ruh. Durch keine Sinne kann es wahrgenommen werden. Es ist ferne und zugleich allem nah.

13:16 Selbst ungeteilt weilt es doch in allen Individuen. Es ist der Schöpfer, Erhalter und Vernichter aller Wesen.

13:17 Im Herzen aller Wesen wohnend, ist es das Licht aller Lichter. Es ist das Objekt der Erkenntnis, das Ziel der Erkenntnis und die Erkenntnis selbst.

13:18 Wer dies begreift und sich mir hingibt, wird Eins mit mir.

Die Natur und das Selbst

13:19-20 Sowohl die niedere Natur Gottes (Prakriti) als auch seine höhere Natur, das Selbst (Purusha), sind jenseits aller Zeitvorstellungen. Aus der Natur werden alle Erscheinungen geboren. Die Natur ist Ursache und Wirkung aller materiellen und mentalen Vorgänge.

13:21 Die Seele genießt die Erscheinungsweisen der Natur. Ihre Verstrickung mit diesen Erscheinungen ist die Ursache von gutem und schlechtem Karma

Die Natur und das Selbst sind nicht zwei voneinander getrennte Einheiten, sondern gelten als niedrige und höhere Erscheinungen des Brahman.

13:22 Der Beobachter, der Genießer und Erhalter im Innersten der Seele wird er höchste Herr (Purusha = Atman) genannt.

Die Befreiung

13:23 Wer das Wechselspiel zwischen dem Selbst und der Natur durchschaut, wird sicherlich Befreiung erlangen und nicht mehr geboren werden. Dies unabhängig von seiner derzeitigen karmischen Lebens-Situation.

13:24 Einige verwirklichen das Selbst durch Meditation, andere durch entsprechendes Wissen und andere durch selbstloses Wirken in der Welt.

13:25 Manche, die keine eigene Selbsterkenntnis haben, hören die Wahrheit von anderen. Indem sie diese Lehren verfolgen, überwinden auch sie den Tod.

13:26 Alles was entsteht, ob beweglich oder unbeweglich, wird aus der Verbindung von Geist (Selbst) und Natur (Nicht-Selbst) geboren.

Der Geist gibt die Impulse. Die Prakriti verwirklicht. Die Gottheit lässt ihre Ideen in der äußeren Welt Gestalt annehmen.

Ebenso bewirkt der Mensch durch die Kraft seiner Gedanken seine Umgebung und sein Schicksal.

> *13:27 Wem bewusst wird, dass in allen Wesen der höchste Herr wohnt, der unvergänglich ist, der hat wahres Wissen erlangt.*
>
> *13:28 In allem den höchsten Herrn wahrnehmend, fügt er sich selbst und anderen kein Leid zu.*

Alles Geschehen – ein Spiel der Natur

13:29 Der erkennt, dass alles Handeln von der Natur (Prakriti) vollzogen wird und dass sein Selbst dabei unberührt bleibt, der sieht die Wahrheit.

13:30 Brahman erlangt, wer einsieht, dass alle Vielfalt der Erscheinungen in der Einheit wurzelt.

Brahman erlangen bedeutet gelassen dem „Auf" und „Ab" in der erscheinenden Welt zuschauen zu können.

13:31-33 Das höchste Selbst ist ohne Anfang oder Ende und ohne Eigenschaften. Es handelt nicht. Wenn es auch im Körper wohnt, so wird es durch ihn nicht berührt.

13:32 Wie der Raum von den Dingen in ihm nicht beschmutzt wird, so wird auch das Selbst vom Handeln des Körpers, in dem es wohnt, nicht berührt.

13:33 Wie die Sonne die ganze Welt durchleuchtet, so erhellt das Bewusstsein des Selbst den Körper und alle materiellen Erscheinungen.

Kap. 14 – Die drei Gunas – Rajas, Tamas, Sattva

Die Gunas, der „Stoff" des Lebens

Wie die Gita aufzeigt, wirken in den äußeren, sich ständig verändernden, vergänglichen Erscheinungsformen die göttlichen Naturkräfte (Gunas). Das Ergebnis nehmen wir als wunderbares Schauspiel (Maya) geprägt von den Natur-Gesetzen (Ursache und Wirkung, Energie, Schwerkraft, Fliehkraft, männlich und weiblich, Werden und Vergehen usw.) wahr.

Die Gunas sind sozusagen der „Stoff" aus dem sich die Welt entfaltet. Die Gunas werden auch als die „Mutter" aller Erscheinungen bezeichnet. Die schöpferische Gottheit (der Logos, wie er im Prolog des Johannes-Evangeliums genannt wird) lässt durch die Kräfte der Gunas die Welt, so wie wir sie sehen, entstehen.

Die Prägung des Mentals durch die drei Gunas

Die altindische Philosophie beschreibt als Urheber unserer dualen Sichtweise die drei Gunas (Naturkräfte):

- Rajas (Verlangen, Rastlosigkeit),
- Tamas (Trägheit, Genusssucht) und
- Sattva (Güte und Weisheit).

Mit Hilfe von Sattva (Licht der Erkenntnis) können die in unserer Seele wirkenden negativen Ego-Kräfte (Rajas und Tamas) durchschaut und so entmachtet werden.

Jeder kann die Wirksamkeit dieser drei Seelenkräfte in sich und bei seinen Mitmenschen wahrnehmen. Der Charakter und das Verhalten eines Menschen werden vom individuellen Zusammenspiel dieser Kräfte bestimmt.

Bei Menschen, die sehr aktiv sind, die fieberhaft ihr Glück in äußeren Dingen und Erfolgen suchen, überwiegt Rajas. Von

Tamas geprägte Charaktere sind träge und neigen zu Genusssucht. Sie sind an seelisch-geistiger Entwicklung wenig bis gar nicht interessiert. Menschen mit starkem Sattva sind offen für Liebe, Schönheit und Weisheit. Sie können sich so weitgehend vom zwanghaften Ego-Denken befreien.

Dualität und Individualität

Im Gleichnis der Vertreibung des Menschen aus dem Paradies (1.Mose) wird die Entstehung des dualen Bewusstseins in der Entwicklung der Menschheit anschaulich beschrieben. Adam und Eva aßen von den „verbotenen Früchten" und erlangten dadurch die Fähigkeit der Unterscheidung von „Gut" und „Böse". Das bedeutet, dass in der Evolution des Menschen eine Periode begann, die geprägt ist von seiner dualen Sicht auf die Welt.

Dieses duale Denken bewirkte im Bewusstsein des Menschen die Trennung von der Einheit. Diese Trennung wurde symbolisch mit der Vertreibung aus dem Paradies beschrieben. Seither ist die Verbindung des Menschen mit dem universellen Bewusstsein (mit der allumfassenden Gottheit) gestört.

Die „verbotenen Früchte" des Alten Testaments entsprechen der altindischen Vorstellung von den drei Gunas. Sie bewirken die Verwirrung des menschlichen Mentals. Sie verursachen das Ego-Denken und verhindern die Sicht auf die Einheit und Göttlichkeit des Seins.

Dieses Trennungs-Geschehen im Bewusstsein des Menschen hat sich natürlich nicht von heute auf morgen, sondern über viele tausend Jahre der Evolution entwickelt. Es führte den Menschen einerseits in das duale Ego-Bewusstsein mit all seinen Problemen, andererseits schuf es für ihn die Voraussetzung um als Individuum ein eigenes Zentrum von göttlicher Bewusstheit zu verwirklichen.

Solange der Mensch, gleich den Pflanzen und Tieren, in der ursprünglichen Einheit mit Gott verweilt – wie dies in der Symbolik des Paradies-Zustandes geschildert wird – gibt es für ihn kein Erwachen zu einer eigenständigen Gottheit. Er muss erst in die Dualität, in die Trennung von der Einheit und Vollkommenheit gehen, um sodann auf einer höheren Bewusstseinsstufe in die „Non-Dualität" zurück zu kehren.

Der Weg der Menschheit führt von unbewusster Vollkommenheit (im Paradies-Zustand) in die scheinbare Unvollkommenheit (Dualität) und zuletzt zur bewussten Vollkommenheit (zur bewussten Vereinigung mit dem Selbst). *Siehe dazu auch Kap.15.*

Sinn des Erdenlebens – Die Ego-Phase

Unser Erdenleben in einem Körper, verbunden mit der vom Universum vorgegebenen Art wie wir denken und fühlen, dient vorerst dazu, uns mit der erscheinenden Welt auseinander zu setzen. Die Seele erlangt und entfaltet auf diese Weise ihre einmalige Individualität verbunden mit dem „Ich"-Bewusstsein. Deshalb ist es auch gut und notwendig, dass junge Menschen durch die klassischen Ego-Lebens-Phasen mit ihren Wünschen, Zielen und Leidenschaften und mit den damit verbundenen Höhen und Tiefen hindurch gehen.

Dabei leidet der Mensch stets unter irgendeinem Problem oder Mangel, weil er die Vollkommenheit und Fülle der „Wirklichkeit" (Brahman) nicht wahrnehmen kann. In seiner Unwissenheit versucht er vergeblich seinen Durst nach Liebe, Weisheit und Erfüllung in der äußeren Welt zu befriedigen. Zugleich fürchtet er sich vor Verlust, Alter, Krankheit und Tod.

Die Sehnsucht nach der Einheit

Doch in der Regel, so um die Lebensmitte und nach Erfahrung der ersten heftigen Schicksalsschläge meldet sich beim Menschen, der dafür reif ist, immer lauter eine innere Stimme, die erkennt, dass seine bisherigen weltlichen Ziele nicht alles sein können, wozu er geboren wurde. Diese anfangs leise und im Laufe der Zeit immer deutlicher wahrnehmbare Stimme verlangt brennend nach Erfüllung des tieferen Sinns unseres Erdenlebens. Sie verlangt nach Befreiung von den Zwängen der dualen Welt, sie verlangt nach Verwirklichung unseres wahren Wesens, nach innerem Frieden, nach grundloser Liebe und wunschloser Glückseligkeit.

Die Befreiung der Seele

Doch wie geht diese Befreiung vor sich? Die Gita zeigt uns dazu mehrere Schritte und Wege um dieses Ziel zu erreichen. Alle laufen darauf hinaus, das duale Denken und das dadurch bewirkte Ego-Verhalten wieder aufzuheben. Diese Wege, welche sich aus uralter indischer Spiritualität entwickelt haben, werden in der Gita genial erläutert. Man kann sie wie folgt kurz zusammen fassen:

- Jnana-Yoga: Die Erkenntnis wer, wie und was wir sind und in welcher Beziehung unsere individuelle Seele zu Gott steht;
- Bhakti-Yoga: Gott, die Welt und die Menschen zu lieben, wie sie sind und nicht nur das lieben, was uns gefällt;
- Karma-Yoga: Selbstloses Dienen und
- Raja-Yoga: Beobachtung und Beherrschung der Gedanken und Gefühle.

Solche Wege können bis zu einer gewissen Bewusstseins-Stufe sehr hilfreich sein. Doch letztlich sollten wir uns fragen: „Wer" denn die „Yoga-Wege" benötigt? Es ist unser Ego, welches sucht und etwas erreichen will. Unser Seelengrund braucht keinen Pfad. Er wandelt den „pfadlosen Pfad". Könnten wir alle Un-Zufriedenheiten, alle Wünsche und alles Suchen loslassen und einfach nur „sein", so hätten wir unsere Gottheit verwirklicht. Dann könnten wir auf die Frage wer wir sind, als Gott wie Gott antworten: „Ich bin, der ich bin." *(2. Mose 3,14)*

Brahman und Brahma

14:1 Krishna: Nun will ich dir, Arjuna, das Wissen kund tun, durch dessen Erkenntnis alle Weisen zur höchsten Vollendung gelangt sind.

14:2 Nachdem sie bei diesem Wissen Zuflucht gefunden haben und Eins mit mir geworden sind, werden sie künftig nicht wiedergeboren und fürchten sich nicht vor dem Tode.

14:3 Der große Brahma (Prakriti) ist mein Mutterschoß: In diesen setze ich meinen Samen, wodurch die Geburt aller Wesen entsteht.

Der „Samen" Gottes findet sich in allen Wesen der Welt. Er bildet den Kern eines jeden Menschen und wird als Selbst (Atman) bezeichnet.

Die drei Gunas bestimmen die Natur

14:5 Die erscheinende Natur (Prakriti) wird von den drei Ur-Kräften (Gunas) Weisheit (Sattva), Leidenschaft (Rajas) und Trägheit (Tamas) geformt. Die unsterbliche Seele ist mit diesen Gunas eng verbunden.

14:6-8 Sattva ist der Ursprung von Licht und Weisheit. Es bindet jedoch durch Verhaftung an Erkenntnis und Glück. Rajas bedeutet Leidenschaft, wie sie aus Verlangen und Anhaften entspringt. Es bindet den Menschen an Werke. Tamas entspringt aus Unwissenheit und führt zu Trägheit und Genusssucht.

14:9 Sattva fesselt durch Glücks-Streben, Raja durch Rastlosigkeit, Tamas durch Torheit, welche Illusionen hervorruft.

- Sattva, Weisheit und Güte, führt zu Erkenntnis und Befreiung.
- Rajas, die Leidenschaft führt zu unendlichen Wünschen und Begehren. Die Folge davon ist selbstsüchtiger Tatendrang.
- Tamas, die Trägheit und Unwissenheit sorgt für Täuschung und Irrglauben, wodurch Dumpfheit und Irrsinn entstehen.

Identifikation mit dem Körper und dem Mental

Der Mensch ist sich auf Grund der Bindung seiner Seele (siehe Kap. 15) an seinen Körper seiner Göttlichkeit nicht bewusst. Deshalb identifiziert er sich mit seinem Körper und seinem Mental. Er betrachtet sich als allein stehendes von der übrigen Welt abgetrenntes Wesen. Das ist die Ursache all seiner Probleme und Leiden.

14:10 Im Menschen dominiert in der Regel eine der Gunas. Güte überwältigt Leidenschaft und Trägheit. Leidenschaft ist vorherrschend wenn Güte und Trägheit zurück stehen. Trägheit versucht über Güte und Leidenschaft die Oberhand zu bekommen.

14:11 Wenn durch alle Tore des Körpers Licht einströmt, das Licht der Erkenntnis und Weisheit, so gelangt Sattva zum Durchbruch.

14:12 Herrscht Leidenschaft vor, so entstehen große Anhaftung, Gier, Unruhe und rastloses Handeln.

14:13 Trägheit, Unwissenheit und Selbsttäuschung wirken, wenn Tamas die Seele einnimmt.

14:14 Wenn Sattva bei Auflösung des Körpers vorherrscht, gelangt die Seele in die reinen Welten des höchsten Wissens.

14:15 Stirbt ein Körper, bei dem Rajas überwiegt, so wird er wieder unter Menschen geboren, bei denen Tatendrang überwiegt. Jene, die in Tamas sterben, werden unter Toren wieder geboren.

14:16 Die Frucht der Güte ist Reinheit. Rajas führt zu Leiden, Trägheit zu Verirrung.

14:18 Die in Güte gefestigt sind, steigen aufwärts; die durch Leidenschaft Gefesselten verharren im irdischen Karma-Kreislauf; die Trägen fallen in tiefste Bewusstseinsstufen.

Verbindung mit dem Selbst durch Nicht-Identifikation

14:19 Wer erkennt, dass alle Tätigkeiten und Unterlassungen von den Kräften der Natur (Gunas) bestimmt sind und von ihnen nicht mehr gebunden ist, der gelangt zu mir.

14:20 Kannst du dich über die Kräfte der drei Gunas erheben, so wirst du von allen Leiden, von Geburt, Alter und Tod befreit und erlangst ewiges Leben.

In sich ruhen, bei Freude und Leid

14:21 Wie sind die Eigenschaften von jenen, die über die Bindung an die drei Gunas hinaus gehen?

14:22-25 Wer Erleuchtung, Anhaftung und Täuschung weder begehrt noch verabscheut;

Wer in Gleichmut verharrt und gelassen die Ereignisse beobachtet und sich bewusst ist, dass es nur die Gunas sind, die handeln;

Wer von Schmerz und Freude nicht beunruhigt wird, wem ein Stein und ein Stück Gold gleich viel und gleich wenig bedeuten und wer bei Angenehmen und Unangenehmen in sich ruht, von Tadel und Lob nicht berührt wird, gegenüber Freund und Feind derselbe bleibt, ist über die Erscheinungsweisen der Natur hinausgelangt.

14: 26-27 Wer in tiefer Verbundenheit mit mir seine Aufgaben verrichtet, unberührt von den Natur-Erscheinungen, der verwirklicht das Selbst und ist vereinigt mit dem unsterblichen Brahman. Er genießt die vollkommene Glückseligkeit des Seins.

Kap. 15 – Der Jiva – Die Seele des Menschen

Der Weltenbaum

Am Anfang des 15. Kapitels lesen wir vorerst von der seltsamen Eigenart des „Weltenbaumes". Die Gita nennt ihn „Ashwatta-Baum". Als Symbol der erscheinenden Welt hat er seine Wurzeln (seinen Ursprung, sein wahres Sein) oben im Göttlichen. Seine Baumkrone mit ihren Blättern (das Erscheinende) zeigt nach unten.

Viele Äste des Baumes ragen sowohl himmelwärts als auch nach unten. Die nach unten gerichteten Äste symbolisieren die materielle Welt, die nach oben weisenden die überirdische Dimension.

Der Baum hat auch viele herabhängende Wurzeln. Diese bringen die Verhaftung des Menschen an die Erscheinungen der Welt zum Ausdruck.

Jiva, die Seele des Menschen

Die Verse *15:7 ff.* bilden die zentrale Botschaft der Gita. Sie beschreiben die Seele (Jiva) des Menschen, ihr Entstehen und ihre göttliche Bestimmung.

Danach bildet sich die Seele eines jeden Menschen durch die Verbindung des Atmans mit den Erscheinungen der Natur.

Wie ein Fichten-Baum mit seinen Samen, die er alljährlich mit dem Wind in alle Richtungen verstreut, das Entstehen unzähliger neuer Bäume ermöglicht, so streut die Gottheit ihre Samen aus, um neue Götter entstehen zu lassen.

Der Fichtensamen muss auf einen geeigneten Boden fallen, damit tatsächlich ein neuer Baum entstehen kann. Deshalb wird der „Gottes-Samen" für jeden Menschen (Atman) mit einem von der Natur (Prakriti) geschaffenen Körper und mit dem ebenfalls von der Prakriti stammenden Mental (Denken, Fühlen, Wollen) verbunden.

Auf diese Weise bildet sich die „Seele" (Jiva) des Menschen. Ihrer Anlage nach wird sie, wie auch das Alte Testament erklärt, zum „Eben-Bilde Gottes" geschaffen *(siehe 1.Mose1,27)*. Zum Unterschied von Pflanzen und Tieren hat die menschliche Seele die Freiheit und Möglichkeit, sich selbst auszugestalten und im Rahmen der Natur- und Karma-Gesetze ihren eigenen Weg zu gehen.

Zu Beginn ihrer Entwicklung befindet sich die Seele in einem Zwischenstadium. Sie ist weder Tier noch Gott. Sie wurzelt wie der Ashwatta-Baum sowohl im Göttlichen (Atman) als auch in ihrer triebhaften, erdverbundenen Natur. In dieser Entwicklungsphase ist die Seele noch nicht Gott, sondern „ein Gott im Werden". Damit die Seele ein „richtiger" Gott wird, muss noch Weiteres dazu kommen. Der Mensch muss sich aus eigener Kraft von seiner „niederen Natur", die sich im Ego-Denken und Verhalten manifestiert, befreien um zu seiner Gottes-Natur zu gelangen.

Die Gottheit (Brahman) bietet die Basis für das individuelle Gott-Sein. Doch ein „neuer, eigenständiger Gott" kann nicht ein Geschöpf und somit abhängig von einem Schöpfer sein, sondern er muss sich selbst schöpfen. Dieser Akt wird als „Selbst-Verwirklichung" bezeichnet.

Identifikation mit der erscheinenden Person

Wie sich das universelle Bewusstsein (Brahman) in den Erscheinungen der Welt manifestiert, so offenbart sich unsere Seele in unserer Persönlichkeit. Gleich wie die erscheinende Welt eine grandiose göttliche Formen-Auswahl aus unendlichen Möglichkeiten des universellen Bewusstseins ist, so erscheint unsere Seele als „Person" in einem von ihr gewählten Körper und Mental, in der von ihr gewählten Umgebung und mit dem von ihr gewählten einmaligen Schicksal.

Als „Person" spielt die Seele im Laufe eines Lebens verschiedene Rollen bis sie wieder stirbt. Aus Unwissenheit identifizieren sich fast alle Menschen mit dieser „Person", die geboren wird, heranwächst, ihre Rollen spielt, schließlich krank und alt wird und wieder vergeht.

Die Person weiß in der Regel nichts von ihrem göttlichen, unvergänglichen Ursprung. Sie fühlt sich als isoliertes Einzelwesen und kämpft als solches um ihre „Existenz". Sie wird beherrscht von Wünschen und Ängsten. Aus dieser Geisteshaltung entspringen Ärger, Zorn, Eifersucht, Hass, Begierde, Ehrgeiz, Streitsucht, Sturheit, Intoleranz, Stress, Depressionen usw. Zwangsläufig wird so die „Person" zum „Ego".

Hinter diesem Drama verbirgt sich die Weisheit und Liebe Brahmans. Dass unsere Person, abgetrennt von der Einheit und verstrickt in die Leiden des Egos ist, ist der Preis, den wir für die Erlangung unseres „Ich"-Bewusstseins bezahlen. Unsere einmalige Göttlichkeit kann sich nur, wie schon erwähnt, aus der Sonderung von der Einheit mit Gott (dem universalen Bewusstsein) entwickeln. Wir müssen zuerst zum „verlorenen Sohn" *(Lukas 15:11-32)* werden, um sodann als eigenständiges Wesen in das Vaterhaus zurück zu kehren.

Die duale Sichtweise des Menschen

Der menschliche Geist funktioniert sehr merkwürdig: Er schaut hinein in die „Einheit" allen Lebens und erblickt in ihr eine „Vielheit". Statt die Vollkommenheit des Seins (der Gottheit) wahrzunehmen sieht er eine in „Gut" und „Böse" gespaltene Welt. Der menschliche Verstand benötigt diese duale Sichtweise um sich in der Welt zurecht zu finden.

Für den erdverbundenen Menschen gäbe es keine Vorstellung von Licht, gäbe es nicht auch Dunkelheit. Es gäbe kein „Schön" ohne „Nicht-Schön". Wir hätten keinen Begriff von Leben ohne die Erfahrung des Vergehens. Auf unserer gewöhnlichen Bewusstseins-Ebene, kann das eine ohne das andere nicht existieren.

Es gibt für den „normalen" Menschen kein „Angenehmes" hinter dem nicht auch das „Unangenehme" lauert. Lust und Schmerz sind für ihn wie siamesische Zwillinge oder wie zwei

Seiten einer Münze. Hängt er an dem, was ihm gefällt, so muss er zwangsläufig auch die leidvolle Kehrseite erfahren.

Erst wenn wir unser Anhaften an Begehren und Ablehnung mit dem „Schwert der Nichtanhaftung" beenden sind wir von den Launen der Natur, von „Lust und Leid" befreit und erfahren die beständige Freude und Liebe in unserem Wesens-Grund.

Das Schwert der Nicht-Anhaftung

15:1 Man erzählt von dem unvergänglichen Ashvatta-Baum. Er hat seine Wurzeln oben und seine Zweige ausgestreckt nach unten. Seine Blätter sind die Hymnen der Veden.

Als Veden werden die ältesten bekannten heiligen Texte des Hinduismus bezeichnet.

15:2 Die Äste des Weltenbaumes erstrecken sich nach unten und oben. Ihr Wachstum entspringt den Gunas. Die Blätter des Baumes entsprechen den sinnlichen Gegenständen. Seine nach unten wachsenden Wurzeln, fesseln den Menschen an die erscheinende Welt

15:3-4 Die wahre Gestalt dieses Baumes kann aus der Sicht des verkörperten Menschen nicht wahr genommen werden, weder sein Anfang noch sein Ende.

Zertrenne die in die Erscheinungen verstrickten Wurzeln dieses Baumes mit dem Schwert der Nicht-Anhaftung.

Danach verbinde dich mit dem Urgrund des Seins, aus dem das Universum hervorgegangen ist.

Die Dualität überwinden

15:5 Wer frei von Hochmut und Verblendung ist, nirgendwo anhaftet und gottverbunden ist; wer die Gegensätze von Lust und Schmerz überwindet, der gelangt zur Heimstätte des Höchsten.

Krishna empfiehlt das Loslassen, An- Nichts-Hängen und das Angenehme und Unangenehme als vergängliche Wellen auf dem Ozean des Seins zu akzeptieren.

15:6 Diese Stätte benötigt zum Leuchten weder Sonne, Mond noch das Feuer, denn der höchste Purusha leuchtet aus sich selbst. Jene, die dorthin gelangen, kehren nimmermehr zum Erdenleben zurück.

Die Geburt der Seele

15:7 Krishna: Ein Teil meiner Göttlichkeit bildet den ewigen Kern eines jeden Wesens. Dieser Kern gebiert aus sich die menschliche Seele (Jiva), die ihre Individualität durch die fünf Sinne und durch das menschliche Mental entfaltet.

15:8 Wie der Wind verschiedene Düfte mit sich trägt, so nimmt die Seele die Kräfte der Sinne und des Denkorgans mit, wenn sie den Körper verlässt und bringt sie wieder mit sich, wenn sie sich aufs Neue mit einem Körper verbindet.

Entschlossen auf dem Pfad des Yoga wandeln

15:9 Im Körper genießt die Seele, ihre Sinne und das Denkorgan gebrauchend, die Sinnesobjekte.

15:10 Die Verblendeten sehen nicht wie die Seele von den Erscheinungen berührt wird und entsprechend den Gunas handelt. Wohl erblicken es jene, die Weisheit erlangt haben.

15:11 Wer entschlossen auf dem Pfad des Yoga wandelt, kann den Herrn (den Atman) in sich selbst erkennen.

Nicht aber erkennen ihn diejenigen, die ihre Sinne und ihr Denken nicht beherrschen.

Ich bin das Licht der Sonne

15:12-14 Ich bin das Licht der Sonne, das die ganze Welt erhellt und ebenso der Glanz des Mondes und der Schein eines jeden Feuers.

Ich bestimme die Energie der Erde und erhalte alle Pflanzen und Wesen durch meine lebensspendende Kraft.

Ich bin das Lebensfeuer in allen lebendigen Wesen. Ich bestimme Ein- und Ausatmung und sorge für den Stoffwechsel in allen Körperzellen.

15:15 Ich wohne in allen Herzen. Von mir stammen Erinnerung, Wissen und Vergessen. Ich bin der Ursprung und der Verfasser der heiligen Schriften.

Das höchste Selbst (Purushottama)

15:16 In dieser Welt gibt es zwei Arten von Wesen. Die vergänglichen von der Natur (Parkriti) gebildeten Geschöpfe und das unveränderliche Selbst (Purusa).

15:17 Doch jenseits dieser beiden gibt es noch das höchste Selbst (Purushottama), den Herrn, aus dem alle Welten hervorgehen und der sie erhält.

15:18-19 Ich bin das höchste Selbst jenseits des Vergänglichen und Unvergänglichen. Ich werde als die höchste Wesenheit gefeiert. Wer mich als das höchste Selbst erkennt und verehrt, durchschaut alles Sein.

15:20 Nun habe ich dir, Arjuna, das höchste Wissen vermittelt. Wer es verinnerlicht, hat damit die wichtigste Aufgabe seines Erden-Daseins erfüllt.

Kap. 16 – Göttliche und Dämonische Eigenschaften

„Gute" und „böse" Menschen

Der Inhalt des Kapitels 16 wirkt wie ein finsterer Fremdkörper, der sich in die Gita eingenistet hat. Während die Verse der bisherigen Kapitel auf die Seele einen lichtvollen, beglückenden- und erhebenden Einfluss haben, berührt uns die emotionale und fast fanatische Art wie sich der Autor in diesem Kapitel über die Eigenschaften dämonischer Menschen ereifert, in seltsamer Weise.

In den Versen 1-3 werden die Eigenschaften der Menschen erklärt, die in eine göttliche Natur hineingeboren wurden. Sodann werden lang und breit, in den Versen 4 sowie von 7 bis 23 in düsteren Farben die Schwächen von besonders egoistischen Menschen und die „höllischen" Folgen ihres Verhaltens beschrieben.

In einer seltsamen Art von Schwarz-Weiß-Malerei werden die zwei Arten von göttlichen und dämonischen Menschen einander gegenüber gestellt.

Auch die Kapitel 17 und 18 lassen eine von dem übrigen Schreibstil der Gita abweichende Handschrift erkennen. Im Kapitel 17 werden die verschiedensten Glaubensarten und Handlungs-Weisen der Menschen unter Berücksichtigung des Einflusses der drei Gunas beschrieben. Im 18. Kapitel finden wir sodann vorwiegend Wiederholungen von Aussagen Krishnas aus den ersten 15 Kapiteln. Ähnlich wie im 17. Kapitel werden ausführlich die Handlungs- und Denkweisen des Menschen unter dem Aspekt der Gunas beschrieben. Dargestellt werden sodann die vier Kasten welche damals und noch heute eine bestimmende Rolle in der indischen Gesellschaft haben.

Es drängt sich daher für den Leser, der sich in den Geist der Gita vertieft, der Verdacht auf, dass die letzten drei Kapitel (16 bis 18) nachträglich von einem anderen Autor, aus Gründen die hier nicht näher zu erörtern sind, hinzugefügt wurden. Wie dem auch sei, jedenfalls sind diese Kapitel für den heutigen Menschen und sein Verständnis der Essenz der Gita vorwiegend von untergeordneter Bedeutung. Deshalb werden nachstehend und in den beiden folgenden Kapiteln nur einige ausgewählte Verse, welche einen Ein- und Überblick vermitteln sollen, dargestellt.

Der Kampf gegen das Böse

In den alten heiligen hinduistischen Schriften wurde gerne der Kampf der guten Kräfte gegen die dämonischen geschildert. Krishna selbst trägt den Beinamen „Madhusudana" – was „Töter des Dämons Madhu" bedeutet. Für den Verfasser des Kapitels 16 hat offenbar dieser Kampf gegen böse Kräfte große Bedeutung. Deshalb betont er in den folgenden Versen die Gefahren, welche jene, die von Gott abgekommen, bedrohen.

Sowohl in der äußeren Lebenspraxis als auch in der spirituellen Praxis zeigt sich, dass der „Kampf" gegen das „Böse" nur Unheil anrichtet. Das beweist uns die Geschichte in der Verfolgung der „Ungläubigen" oder „Anders-Gläubigen". Abschreckende Beispiele für die Auswirkungen der Bekämpfung des Bösen sind die mittelalterlichen Methoden der Inquisition und Hexenverbrennung sowie in der Neuzeit die Terror-Angriffe radikaler „Gottesdiener" gegen anders Denkende.

Auch im mentalen Bereich verursacht der Kampf gegen schlechte Charakter-Eigenschaften nur seelische Konflikte, Schuld- und Minderwertigkeitsgefühle. „Besser sein Wollen" als man ist, bedeutet den Widerstreit mit Gottes niederer Natur. Nur durch liebevolles und bewusstes Wahrnehmen befreit sich der Mensch von seiner Ego-Verwirrung. Bewusstsein heilt, Kampf verstärkt das Übel.

Die Eigenschaften der Gott-Verbundenen

16:1-3 Furchtlosigkeit, geläuteter Geist, spirituelles Wissen, Mildtätigkeit, Selbstbeherrschung, und

Studium der Schriften; Enthaltsamkeit und Redlichkeit, Gewaltlosigkeit;

Geduld, Gelassenheit, Nicht-Verurteilen, Mitgefühl, Freundlichkeit, Bescheidenheit und Entschlossenheit; Stärke, Nachsicht;

Frei-sein von Begehren und Zorn, von Neid und Eitelkeit;

dies sind die Eigenschaften von Menschen, die sich mit dem Göttlichen verbunden haben.

Dämonische Eigenschaften

16:4 Hochmut, Stolz, Zorn, Rohheit, Unwissenheit sind Charakterzüge von Wesen mit dämonischer Natur.

16:5 Göttliche Eigenschaften führen zur Befreiung, während dämonische zu Leid und Bindung führen.

16:6 Es gibt Menschen mit vorwiegend göttlichen Tendenzen und solche mit dämonischen. Ich will dir jetzt die dämonischen näher beschreiben.

16:7-11 Für die dämonischen Menschen gibt es keinen Gott. Sie kennen keine spirituellen Gesetze. Sie meinen, dass alles Geschehen auf reinem Zufall beruhe.

So zerstören sie ihre Vernunft und werden zu einer Quelle des Bösen. Sie sind unersättlich in ihren Begierden, hochmütig und gewalttätig.

Sie meinen, ihre Wollust und ihr Genuss seien das einzig erstrebenswerte Ziel im Leben.

Obwohl von Ängsten und sorgenvollen Gedanken getrieben, lassen sie nicht ab von ihrem zerstörerischen Streben.

16:12-18 Getrieben von Zorn und Gier sind sie davon besessen Vermögen anzuhäufen. Sie wollen ständig mehr bekommen und ihre Feinde vernichten.

Sie bilden sich ein, mächtig, erfolgreich und glücklich zu sein.

Verwirrt von ichhaften Gedanken stürzen sie hinab in eine finstere Hölle.

Eingebildet und starrsinnig opfern sie prahlerisch, voller Stolz und Eitelkeit.

Diese böswilligen, dem Stolz und Zorne hingegebenen Menschen verachten mich, der ich in ihrem Inneren und in allen anderen Menschen wohne.

16:19-22 Immer wieder schleudere ich diese Bösen, Grausamen und Niedrigsten unter den Menschen in dämonische Geburten.

Von Geburt zu Geburt irregeführt, finden diese Wesen mich nicht, sondern sinken in niedrigste Bewusstseins-Stufen hinab.

Dreifach ist das Tor zur Hölle: Verlangen, Zorn und Habgier. Deshalb sollte der Mensch sich von ihnen befreien.

Jene, die sich von diesen Abgründen lösen, erlangen das Heil der Seele und vereinigen sich mit dem Höchsten.

16:23 Wer die in den Schriften aufgezeigten Gesetze missachtet und lebt wie es seinen Begierden entspricht, erlangt weder Erfolg und Glück, noch höchste Vollendung.

16:24 Darum richte dich bei dem was zu tun oder zu unterlassen ist, nach den Schriften. Erkenne ihre Weisheit und vollbringe so dein Werk in dieser Welt.

Kap. 17 – Die Gunas in allen Lebensbereichen

Die Kraft des Glaubens

Eingangs des 17. Kapitels fragt Arjuna wie sich das Verhalten jener auswirkt, die zwar die Götter verehren und ihnen Opfer darbringen, jedoch sonst die Anweisungen der heiligen Schriften missachten. Arjuna bezieht sich dabei auf die letzten beiden Verse des vorangehenden Kapitels 16, in denen ihm Krishna die Lehren der heiligen Schriften als Wegweiser für sein Tun empfiehlt.

Krishna erläutert, dass sich jeder Mensch entsprechend seinem „Glauben" (Shradda) verhält. Wobei unter dem Begriff „Shradda" die grundsätzliche Lebenseinstellung zu verstehen ist. Der Glaube des Menschen wird von den in ihm vorherrschenden Gunas (Sattva, Rajas oder Tamas) bestimmt. Der Glaube wiederum beeinflusst in einem hohen Maße das Gefühlsleben des Menschen.

Die Gunas und das Verhalten der Menschen

Krishna erklärt in diesem Kapitel an weiteren Beispielen wie sich die drei Gunas Sattva, Rajas und Tamas in den verschiedensten Lebensbereichen des Menschen auswirken. Sie bestimmen nicht nur seinen Glauben, sondern auch die Nahrung, die er vorzieht, die Art, wie er seine Pflichten erfüllt, wie er Enthaltsamkeit übt und wie er seine Opfer erbringt.

Die Gunas bestimmen Gedanken und Entscheidungen des Menschen. Diese wiederum formen sein Karma. Unberührt von ihren Kräften bleibt allerdings stets der Seelen-Kern (Atman). Wird dieser verwirklicht, so geht die Seele über das duale Bewusstsein hinaus und es entsteht kein weiteres Karma mehr.

Om Tat Sat

Zum Abschluss des Kapitel wird noch die Wortfolge „Om Tat Sat", die im Hinduismus als dreifaches Symbol für Brahman gilt, besprochen. Dieses Symbol wurde und wird heute noch bei rituellen Handlungen und auch als Mantra verwendet. Mantras sind „heilige Verse" die als suggestive Formeln sprechend, singend oder nur in Gedanken gebetsmühlenartig rezitiert werden. Ihren Inhalten wird spirituelle Kraft beigemessen.

17:1 Arjuna: Menschen, die vom Glauben erfüllt sind und Opfer darbringen, sich jedoch nicht um die Lehren und Vorschriften der heiligen Schriften kümmern, welcher Art ist ihr Denken und Handeln?

17:2 Krishna: Der Glaube der Seelen ist, wie alle Dinge in der Natur von dreierlei Art – gütig, leidenschaftlich oder träge.

Der Mensch ist, was sein Glauben ist

17:3 Der Glaube eines Menschen stimmt mit seiner Natur überein. Umgekehrt wird die Seele des Menschen auch durch die Art seines Glaubens geprägt. Wie sein Glaube ist, so ist auch der Mensch.

17:4 Die sattvischen Menschen verehren die Götter; die raja-Menschen verehren die Halbgötter oder Dämonen (Macht und Reichtum), die tamas-orientierten verehren Geister und Gespenster.

17:7 In allen Bereichen schlägt sich der Glaube nieder: in der Nahrung, die bevorzugt wird, in den Opfern, bei der Arbeit, bei der Askese und in der Art wie Gaben erbracht werden.

17:8 Nahrungsmittel, welche Gesundheit, Lebenskraft, Freude und Zufriedenheit fördern, die süß, milde und

*wohlschmeckend sind, werden der Eigenschaft „Güte"
(Sattva) zugerechnet.*

*17:9 Solche die zu bitter, zu sauer, zu salzig, zu heiß
oder zu scharf sind, werden der Leidenschaft (Raja)
zugerechnet.*

*17:10 Während Speisen, die unrein, geschmacklos, faul,
abgestanden sind, der Eigenschaft Unwissenheit und
Trägheit zugeschrieben werden.*

*17:11-13 Sattva-artig ist das Opfer, welches ohne Be-
dacht auf Belohnung dargebracht wird. Raja-artig ist
das Opfer wenn persönlicher Lohn oder Anerkennung
erwartet wird. Das Opfer ist tamas-artig wenn es ohne
entsprechendem Glauben erfolgt.*

Arten der Askese

*17:14 Die Askese des Körpers beinhaltet die Vereh-
rung der Gottheit, des spirituellen Führers, der Weisen sowie Reinheit, Aufrichtigkeit, Enthaltsamkeit und
Gewaltlosigkeit.*

*17:15 Von Askese der Rede spricht man, wenn diese
wahrhaft, freundlich und nutzbringend ist.*

*17:16 Die Askese des Mentals zeigt sich in ruhiger Hei-
terkeit, Freundlichkeit, Stille, Selbstbeherrschung und
Reinheit.*

*17:17-19 Sattva-artig ist die Askese wenn sie mit rechtem
Glauben, ohne Verlangen nach Belohnung, harmonisch
ausgeführt wird; raja-artig wenn sie erfolgt um Ehre
und Verehrung zu gewinnen; tamas-artig wenn mit ihr
wirre Ideen oder Selbstquälerei verbunden sind.*

17:20-22 Gaben nach der Art von Sattva sind nicht mit Erwartung von Gegengaben verbunden. Sie erfolgen am rechten Ort und zur rechten Zeit an jene, die wirklich Hilfe benötigen.

Raja-artig sind Spenden, die unwillig oder im Hinblick auf persönliche Anerkennung oder Vorteile gegeben werden; tamas-artig wenn sie am falschen Ort, zur unrechten Zeit, an eine unwürdige Person oder nicht mit Respekt vor der Person des Empfängers gegeben werden.

17:23-26 „Om - Tat - Sat" diese Worte symbolisieren Brahman in dreifacher Art.

Darum werden Opferhandlungen, das Spenden und asketische Übungen mit dem Aussprechen des Wortes „Om" eingeleitet.

Mit dem Aussprechen von „Tat" werden Handlungen des Opferns, des Spendens und der ,Askese, ohne nach Lohn zu verlangen, vollzogen.

Das Wort „Sat" bedeutet das „Gute" und das „Sein". Deshalb wird es für lobenswerte Handlungen verwendet.

Kap. 18 – Entsagung und Befreiung

Handeln oder Nicht-Handeln

Das 18. Kapitel kann als eine Zusammenfassung und Wiederholung der bisherigen Kapitel verstanden werden.

Am Beginn des Kapitels wird neuerlich das Thema, „Handeln" oder „sich möglichst aller Handlungen zu enthalten" behandelt.

Krishna erklärt dazu, es sei sowohl wichtig Opfer und Spenden zu erbringen als auch Enthaltsamkeit zu üben. Keinesfalls aber sollten Handlungen im Hinblick auf Belohnung erfolgen. Auch sei es nicht richtig darauf zu verzichten, seine Pflichten zu erfüllen.

In den Versen *20 ff.* werden unter Bezugnahme auf die Gunas, die drei Arten der Erkenntnis beschrieben. Auch wird die Art erklärt, wie Menschen handeln, die von Sattva, Raja oder Tamas geprägt sind. Zuletzt werden gemäß den Gunas drei Arten der Freude dargestellt.

All diese Verse bringen keine besonderen Neuigkeiten.

Die Unterschiede der Kasten

Ab den Versen 40 folgt eine Darstellung des Kastenwesens in der alten indischen und heute noch geltenden Tradition. In der Gesellschaft haben die Brahmanen (Priester) den höchsten Rang inne. Sodann folgen die Kshatriyas (Herrscher und Krieger). Als nächstes in der Hierarchie kommen die Vaishyas (Bauern, Händler und Künstler). Zur vierten und letzten Kaste gehören die Shudras (Handwerker, Diener, Arbeiter). Die außerhalb der vier Kasten stehenden „Unberührbaren" werden in der Gita nicht erwähnt.

In diesem Kapitel wird darauf hingewiesen, dass es wichtig sei, den Aufgaben der eigenen Kaste entsprechen. Es sei besser diese Aufgaben unvollkommen zu verrichten als fremde Arbeiten, die zu einer andern Kaste gehören, zu erledigen.

In den Versen *49 ff.* wird erläutert, wie man dazu gelangt Atman bzw. Brahman zu verwirklichen. Aus diesen Versen entnehmen wir nichts, was nicht schon in vorangehenden Kapiteln besprochen wurde.

Zuletzt betont Krishna, dass seine Lehre niemals an Unwürdige, die keine Askese üben und Gott nicht verehren, weiter gegeben werden soll.

Voraussetzungen um mit Brahman Eins zu werden

18:5 Krishna: Auf Handlungen des Opferns, des Gebens und der Askese sollte nicht verzichtet werden. Denn diese läutern den Menschen.

18:10 Der weise Mensch, der Entsagung übt und das Zweifeln beendet hat, dessen Mental von Güte (Sattva) geprägt ist, kennt keine Abneigung gegenüber unangenehmen und keine Bindung an angenehme Handlungen.

Erkenntnis, Handeln, Verstand und Beharrlichkeit

18:20 Sattwa-artig ist jene Erkenntnis, mit der man das unvergängliche Sein in allen Wesen als unteilbares Ganzes erblickt.

18:26 Handelt der Mensch frei von Bindung, mit Entschlossenheit und Tatkraft und ist er unbewegt von Erfolg oder Misserfolg, so gilt er als von Sattva geprägt.

18:30 Der Verstand ist mit Sattva verbunden, der weiß was zu tun oder nicht zu tun ist und der erkennt, wodurch das Mental des Menschen gefesselt oder befreit wird.

18:35 Tamas-artig ist jene Beharrlichkeit, die von Unwissenheit, von Verschlafenheit, Furcht, Kummer, Niedergeschlagenheit oder Hochmut nicht ablässt.

Sattva-Freude

18:36-37 Jene Freude gilt als Sattva-artig, in der man durch Stetigkeit und Achtsamkeit zu wahrem Glück und Zufriedenheit gelangt. Sie führt zum Ende aller Leiden. Diese Freude schmeckt anfänglich wie Gift und am Ende wie Nektar.

18:38 Rajas-artig ist die Freude, welche aus der Berührung mit den Sinnesdingen entspringt. Sie schmeckt am Anfang wie Nektar doch am Ende wie Gift.

18:39 Tamas-artig ist jene Freude, die aus Trägheit oder Unwissenheit hervorgeht.

Den Aufgaben der eigenen Natur entsprechen

18:40 Alle Geschöpfe sind in ihrem Wirken von den drei Gunas bestimmt. Die Brahmanen, Kshatriyas, Vaishyas und Shudras unterscheiden sich entsprechend der in ihnen angelegten Natur.

18:42 Das Wirken des Brahmanen ist bestimmt durch Heiterkeit, Selbstbeherrschung, Herzensfrieden, Bescheidenheit, Weisheit, Nachsicht und Geduld.

18:43 Heldentum, Kraft, Durchhalte-Bereitschaft, Großherzigkeit sind die Eigenschaften der Kshatriyas.

18:44 Ackerbau und Viehzucht, Handel und Handwerk sind die der Natur der Vaishyas entsprechenden Aufgaben. Alle dienenden Arbeiten entstammen den Pflichten der Shudras.

18:45 Vollkommenheit erlangt wer Arbeiten erfüllt, die seinen Pflichten entsprechen und in seinem Wirken den verehrt, in dem alle Wesen ihren Ursprung haben.

18:47 Es ist besser die eigenen Pflichten unvollkommen, als die Aufgaben anderer vollkommen zu erfüllen. Wer den Pflichten nachkommt, für die er geboren wurde, ladet kein Karma auf sich.

Eins werden mit Brahman

18:50 Krishna: Vernimm nun Arjuna das höchste Wissen, wie derjenige, der Vollkommenheit erlangt hat, sich vereinigt mit Brahman:

18:51-53 Mit Brahman wird Eins, wer sein Denken läutert; nicht mehr an den Sinnesobjekten hängt; nicht von Zu- und Abneigung bewegt wird; wer abgeschieden und enthaltsam lebt;

wer Rede, Körper und sein Mental beherrscht; stets durch Meditation mit seinem Innersten verbunden ist;

wer abgelegt hat Ichsucht, Gewalt, Stolz, Begierde und Ärger und das Bedürfnis nach Besitz;

wer mit ruhigem Geist stets heiter und gelassen ist.

18:54 Wer auf diese Weise im Absoluten verankert ist, klagt niemals noch begehrt er etwas. Allen Wesen gegenüber ist er gleich gesinnt. So erlangt er die höchste Hingabe zu mir.

18:55 Durch diese Hingabe erkennt er mein wahres Sein. Mit diesem Bewusstsein wird er Eins mit mir.

18:58 Bist du stets mit mir vereinigt, so wirst du durch meine Kraft sicher alle Schwierigkeiten überwinden. Doch wer aus Ichsucht mein Wort nicht hört, der wird zugrunde gehen.

Der Herr lenkt alle Wege

18:61 Der Herr wohnt im Herzen aller Menschen und lenkt ihre Wege. Durch die Kraft der Maya bewegt er sie wie von einer Maschine angetrieben.

18:62 Arjuna, wende dich voll und ganz dem Herrn zu. Durch seine Gnade wirst du höchsten Frieden und das ewige Leben erlangen.

Gib alle Religionen auf

18:63 So habe ich dir das geheimste Wissen mitgeteilt. Befasse dich damit ausführlich. Sodann kannst du handeln, wie es dir richtig erscheint und du wirst keine Fehler machen.

18:66 Gib alle Vorstellungen vom Dharma (Pflicht, Religion, Tugend, Gesetz) auf und suche Zuflucht nur bei mir alleine: Ich werde dich von der Sünde und allem Übel befreien. Sorge dich nicht!

Will man den letzten Vers positiv interpretieren, so könnte man sagen: Nicht Gebote oder Verbote sollten unser Denken und Handeln bestimmen, sondern die Stimme des reinen Herzens.

Haben wir die „Essenz der Gita" verinnerlicht, so sollten wir weder bei dieser „heiligen Schrift" noch bei einer anderen, weder bei der hinduistischen noch bei einer anderen Religion stehen bleiben, sondern weiter gehen. Denn wie Gautama Buddha im Diamant-Sutra zum Ausdruck bringt, sind alle Lehren nur ein Mittel der Fortbewegung und sollten nicht als ewige Weisheit verehrt werden.

„Bhikkhus, ihr müsst wissen, dass alle Lehren, die ich euch gebe, ein Floß sind. Zuletzt müssen alle Lehren, ganz zu schweigen von den Nicht-Lehren, aufgegeben werden."

Schlusswort – Die Essenz der Gita

Die Gottheit in dir

Die Essenz der Gita kann man mit den Worten zusammenfassen:

- Alles ist Eins, Alles ist Gott. Alles entspringt der Gottheit und Alles wird von ihr getragen.
- Wenn Alles Gott ist, so muss auch jeder Mensch Gott sein. Werde dir deiner Gottheit in deinem Innersten bewusst und lebe sie!
- Wenn Alles in Gott ist, so kann ich vertrauen, dass Alles zum Besten geschieht und dass das Schicksal keine Fehler macht. Daher muss sich niemand Sorgen machen und keine Angst ist berechtigt.
- Du bist nicht identisch mit deinem Körper und deinem Mental. Du bist der Gott in deinem Inneren (Atman) und dieser unterscheidet sich nicht von der universellen Gottheit (Brahman).
- Alles Geschaffene ist vergänglich. Jedes Ding hat einen Anfang und ein Ende. Das Selbst im Menschen ist nicht geschaffen. Es ist wie Brahman ohne Anfang und ohne Ende. Es existiert unabhängig von Zeit und Raum.
- Die individuelle Gottheit ist im Menschen angelegt. Verbindet sich die Seele mit ihr, so erfüllt sie den Sinn ihres Erdenlebens.
- Wir befreien uns nicht wenn wir vor den Anforderungen, die das Schicksal an heranträgt, fliehen und uns vom äußeren Leben zurück ziehen, sondern indem wir das tun, was das Spiel des Lebens „Jetzt" von uns verlangt und uns dabei der Göttlichkeit und Vollkommenheit jedes Augenblicks bewusst sind.

Die Gita gibt viele hervorragende Anregungen um sich selbst zu erkennen und zu verwirklichen. Doch alle diesbezüglichen Bemühungen werden nur bescheidene Erfolge bringen, solange wir mental in der Trennung zwischen Mensch und Gott verbleiben.

Deshalb kann die Essenz der Gita nicht erfasst werden, wenn wir uns nur mit dem „Schüler" (Arjuna) identifizieren und nicht erkennen, dass wir auch der „Lehrer" (Krishna) sind und dass wir daher berufen sind höchste Weisheit und Liebe zu offenbaren.

In jedem Menschen wirken sowohl Arjuna als auch Krishna, die erdverbundene, mehr oder minder unwissende Seele (Jiva) und der göttliche, unbegrenzte Seelengrund (Atman).

Dank der schöpferischen Kraft seiner Vorstellungen und Gedanken kann jeder Mensch sich entscheiden, womit er sich identifiziert. Und er wird das sein, was er über sich denkt. Er wird sich so fühlen, wie er sich beurteilt. Identifiziert er sich mit seinem Körper und den üblichen Gedankenmustern, so wird er sich als klein, verlassen, stets gefährdet, vergänglich und getrennt von der göttlichen Herrlichkeit und Fülle des Lebens erfahren. Lebt er seine Unbegrenztheit, öffnet er sich für die Liebe in seinem Seelengrund, für die Liebe aus der alles entstanden ist, hat er Vertrauen in die Göttlichkeit und Vollkommenheit des Daseins, so verwirklicht er sein Königtum.

Gotteslästerung

In den Augen christlicher „Pharisäer" gilt es als „Gotteslästerung" (Blasphemie) wenn sich ein Mensch göttliche Eigenschaften anmaßt. Schon Jesus wurde von den Juden verfolgt und sie wollten ihn steinigen, weil er erklärte: *„Ich und der Vater sind Eins" (Joh. 10,30).* Er verteidigte sich mit dem Hinweis auf *Psalm 82,6* in dem über die Menschen gesagt wird: *„Ihr seid Götter und allzumal Kinder des Höchsten".*

Zwölf hundert Jahre später wurde gegen Meister Eckehart ein Inquisitionsverfahren eingeleitet, weil er den Seelengrund des

Menschen als göttlich bezeichnete und erklärte: *„Alles, was der göttlichen Natur eigen ist, das alles ist auch dem gerechten und göttlichen Menschen eigen; darum wirkt solch ein Mensch auch alles, was Gott wirkt...“*

Aus dieser Überzeugung heraus machte Eckehart auch keinen Unterschied zwischen Jesus und sich selbst. Er erklärte dass *„Alles, was Gott Vater seinem eingeborenen Sohne in der menschlichen Natur gegeben hat, das hat er alles auch mir gegeben: hiervon nehme ich nichts aus, weder die Einigung noch die Heiligkeit, sondern er hat mir alles ebenso gegeben wie ihm.“*

So wie Eckehart, kann jeder Mensch darauf vertrauen, dass er nicht nur zum Ebenbilde Gottes geschaffen wurde, sondern jederzeit sein „Eins-Sein mit dem Vater" vollziehen kann.

Ego und Gott-Sein

Natürlich besteht die Gefahr, dass sich das Ego in einem Menschen maßlos aufbläht, wenn es die Botschaft „Gott zu sein" auf sich bezieht. Dieses Ego verwechselt „Gott-Sein" mit Macht ausüben, Eitelkeiten, „Besser-" und „Heilig-Sein-Wollen".

Das Ego würde sich auflösen wenn es erkennt, dass „Gott- Sein" Lieben und Dienen bedeutet. Es befreit sich, wenn es begreift wie sinnlos, lächerlich und unberechtigt Sorgen und Ängste, Ärger, Neid, Erwarten und Verlangen für eine Gottheit sind.

Zum Ego-Bewusstsein gehört die Spaltung der Welt in „Gut" und „Böse". Das duale Bewusstsein kann sich nicht vorstellen, dass alles Sein vollkommen und in der Gottheit geborgen ist. Es kann sich nicht vorstellen, dass bei Gott „jedes Haar gezählt" ist *(Luk. 12,7).* Sein Blick ist mit Vorliebe auf das Böse, Gefährliche, Traurige und Grausame in der Welt fixiert. Das Ego sieht nur das Vergängliche und bewertet es auf seine gewohnte Art. Es erkennt keinen Sinn hinter seinem Leiden.

Der Weise lebt jenseits dualer Bewertungen

Wie die Gita erklärt, bleibt der Einsichtige gelassen und unbewegt gegenüber weltlichen Freuden und Leid, gegenüber Lust und Schmerz. Er weiß, sie kommen und gehen. Er ist sich bewusst: Diese Erfahrungen betreffen nur den Körper und das Mental. Lächelnd und stets in Harmonie mit sich selbst beobachtet er die Maya, das göttliche Spiel der Erscheinungen.

Er ist befreit vom Zwang der Denkmuster. Ihm ist bewusst, dass aus höherer Warte betrachtet alles gut ist, wie es ist. Er weiß: „Das Schicksal macht keine Fehler!" Sein Bewusstsein ist über das duale Denken und Bewerten hinaus gegangen.

Die Unvollkommenheit der dualen Welt

Immer wieder stellen Menschen, die sich auf dem spirituellen Weg hin zum Erwachen befinden, die Frage: Warum gibt es so viel Schmerzen und Leid auf dieser Welt, wenn angeblich alles von der Gottheit durchdrungen und getragen ist?

Die Gegenfrage lautet: Welcher Mensch würde sich auch nur einen Millimeter aus seiner paradiesischen Komfort-Zone wegbewegen und die Verwirklichung seines Gott-Seins anstreben, wenn ihn nicht das Leid, hervorgerufen durch seine duale Denkweise, hinter dem warmen Ofen hervorholen würde. Er würde im Sumpf von „Tamas" versinken, wenn ihm zu jeder Zeit die fetten Enten, bereits knusprig gebraten, zufliegen würden.

Erst durch das Erkennen und Auflösen des Egos wird der Übergang vom tierisch-menschlichem Bewusstsein zum göttlichen ermöglicht.

Der „normale" Mensch ist so sehr mit dem Auf und Ab der Wellen an der Oberfläche des Ozeans beschäftigt, dass er die beglückende unendliche Weite und Tiefe des Meeres nicht bemerken kann. Das heißt, er steht so sehr im Bann der vergänglichen Freuden und Leiden der dualen Welt, dass er das „Himmelreich" im Grunde seiner Seele nicht wahrnimmt.

145

Erst wenn er das Spiel der Wellen, das von der Gottheit inszenierte Spiel der Maya durchschaut, wird er Befreiung von allen Übeln erlangen und mit der Seligkeit von Atman und Brahman verbunden sein.

Durch die Dinge hindurchbrechen

Die Gita hält nicht viel davon sein Heil im Rückzug von der Welt zu suchen. Sondern sie fordert den Menschen auf sich tatkräftig und zugleich selbstlos den Aufgaben, die sein Schikkal an ihn heranträgt zu stellen.

In diesem Sinne erklärt auch Meister Eckehart:

„Der Mensch soll nicht die Dinge fliehen, und sich in die Einöde begeben, sondern er muss lernen, durch die Dinge hindurchzubrechen und seinen Gott darinnen zu ergreifen."

Nicht das „Was" wir tun ist wesentlich, sondern das „Wie", das heißt, mit welcher inneren Einstellung wir handeln. Deshalb sollten wir stets darauf achten dass wir mit heiterer, gelassener und liebevoller Grundstimmung unser Tagewerk vollbringen.

Auf diese Weise sind wir mit unserem Seelengrund verbunden und es gelingt uns „den Gott darinnen zu ergreifen".

Index

Buchempfehlung

Vom Umgang mit der Zeit
99 spirituelle Anregungen

Bernd H. Fritsch

In diesem Hand-Buch findest du 99 Aphorismen für ein „Leben in der Zeit und in der Zeitlosigkeit".

Alle wesentlichen Lebensbereiche des Menschen, wie beispielsweise: Liebe, Freundschaft, Gesundheit, Freude, Umgang mit Konflikten, Beendigung von Schuldgefühlen, Fehler machen dürfen... werden in diesen Aphorismen in prägnanter und gut verständlicher Weise angesprochen. Ein idealer Begleiter um sich zu besinnen, um auf deinem Weg das Wesentliche vom Unwesentlichen zu unterscheiden.

Du findest in diesem Brevier leicht lesbare Anregungen zu einem Leben in Frieden und Vollkommenheit, frei von Zeitdruck, Stress, Ängsten und Sorgen.

Aufgezeigt wird, wie durch die Erkenntnis des Sinns unseres Daseins und durch die richtige Einstellung zu unseren Aufgaben, jeder Augenblick unseres Erdenleben etwas Besonderes sein kann.

Der Autor hat in diesem kleinen Büchlein all seine, im Laufe von rund sieben Jahrzehnten gewonnenen Erkenntnisse, zusammengefasst. Für den, der bereit ist sich auf die Weisheiten in dieser Schrift einzulassen, werden sich neue Dimensionen eröffnen.

Buchempfehlung

„Der große Prinz
und das Glück"

Bernd Helge Fritsch

Rund 80 Jahre nachdem Antoine de Saint-Exupéry, Schriftsteller
und Flugpilot, dem „Kleinen Prinz" in einer afrikanischen Wüste
begegnen durfte, erscheint wieder ein „Prinz" von einem andern Stern
auf unserer Erde. Es ist der „Große Prinz", der hier auf unserem Pla-
neten das Leben und das Glück der Menschen studiert.

In diesem Buch wurden seine Erfahrungen und Erkenntnisse über
das „Glücklich-Sein" niedergeschrieben.

Ein Buch, das uns das „WunderLeben" mit neuen
Augen betrachten lässt.

Ein Buch, das uns dem Geheimnis eines *„tiefen und
anhaltenden Glücklich-Seins"* näher bringt.

Buchempfehlung

„Das Kleinod des Shankara"

Bernd Helge Fritsch

Adi Shankara (788 - 820) gilt als bedeutendster indischer spiritueller Philosoph und Reformator des Hinduismus. Sein berühmtes Hauptwerk ist das „Viveka Chudamani" (Kleinod der Unterscheidung). Es gilt als „Kron-Juwel" altindischer Weisheit.

In der vorliegenden Ausgabe findet der Leser eine moderne Übersetzung des „Kleinods" und eine umsichtige Auswahl der ursprünglich 580 Sanskrit-Verse. Auf etliche Wiederholungen und Aussagen die nicht unserem Zeitgeist entsprechen wurde verzichtet.

Bernd Helge Fritsch, selbst ein spiritueller Lehrer, hat zum besseren Verständnis der rund 1100 Jahre alten Schrift des Shankara zu vielen Versen Erläuterungen angefügt.

In diesem Buch werden die zentralen Fragen unseres Lebens behandelt: Worin besteht der Sinn meines Lebens? Wie erklärt sich unser Schicksal? Wie befreien wir uns von Sorgen, Krankheit und Leid? Wie können wir uns mit der ewigen Schönheit, Liebe und Glückseligkeit im Urgrund des Seins verbinden?

Buchempfehlung

WU-WEI
erfolgreich Nichts tun

Bernd Helge Fritsch

Dieses Buch beinhaltet eine Auswahl von Essay-Briefen, wie sie von Bernd Helge Fritsch seit etlichen Jahren in Mail-Form an Freunde und Interessierte versendet werden. Diese Briefe behandeln die wichtigsten Lebensfragen. Zu diesen zähle ich:

- Was ist der Sinn unseres Erdendaseins?
- Wer bin ich?
- Wie lebt man erfüllende Beziehungen?
- Vom Umgang mit Depressionen
- Wie kann ich glücklich sein, unabhängig von äußeren Ereignissen?
- Was geschieht mit mir nach meinem körperlichen Tod?

Diese Essay-Briefe sollen keine „Glaubensinhalte" vermitteln. Der Autor möchte kein „gläubiger Mensch" sein und gehört deshalb auch keiner Religionsgemeinschaft an. Wohl aber ist nach seiner Ansicht „Religion" (die bewusste Verbindung mit dem Höchsten) unsere wichtigste Mission auf dieser Erde.

Buchempfehlung

„Wunderbare Zweisamkeit"
99 Anregungen zu erfüllter
Partnerschaft

Bernd Helge Fritsch

Ist eine glückliche Paar-Beziehung möglich oder nur eine romantische Illusion? - Oder stimmen die Worte von Oskar Wilde:

„Ehe ist gegenseitige Freiheitsberaubung in beiderseitigem Einvernehmen"?

Die Qualität einer Beziehung entspricht immer dem Grad an seelischer Reife und Bewusstheit der Partner. Das ist der Ansatz dieser Schrift. B. H. Fritsch zeigt auf, wie wir uns selbst verändern können, um eine beglückende Partnerschaft zu verwirklichen.

Schreiben Sie uns!

Schreiben Sie uns!

Schreiben Sie uns, wenn Sie......

- ....Fragen an den Autor Bernd Helge Fritsch richten wollen!

- ....bereit sind, uns Anregungen und Feedback zu geben!

- ....Informationen über Vorträge und Seminare mit Bernd Helge Fritsch haben wollen!

- ....kostenlos unseren monatlichen „Essay-Brief per E-mail bekommen wollen!

- ....B. H. Fritsch zu einer Lesung, einen Vortrag oder ein Seminar einladen wollen!

Wir freuen uns über jede Zuschrift und werdenIhnen gerne antworten.

mail: office@berndhelgefritsch.com

Besuchen Sie unsere Homepage:
www.berndhelgefritsch.com